新租赁准则与税法差异分析

曹 越
何振华
郭建华
著

中国人民大学出版社
·北京·

前言

2018年12月7日，财政部修订发布了《企业会计准则第21号——租赁》（以下简称"新租赁准则"），这是我国企业会计准则体系修订完善、保持与国际财务报告准则持续全面趋同的重要成果。

这次修订是我国2006年发布租赁准则以来，财政部首次对租赁准则进行的一次全面修订。修订的主要内容有：一是完善租赁的定义，增加租赁识别、分拆、合并等内容；二是取消承租人经营租赁和融资租赁的分类，要求对所有租赁（短期租赁和低价值资产租赁除外）确认使用权资产和租赁负债；三是改进承租人后续计量，增加选择权重估和租赁变更情形下的会计处理；四是丰富出租人披露内容，为报表使用者提供更多有用信息。

为了确保新租赁准则积极稳妥实施，财政部推出"分三步实施"的时间表：（1）在境内外同时上市的企业以及在境外上市并采用国际财务报告准则或企业会计准则编制财务报表的企业，自2019年1月1日起施行；（2）其他执行企业会计准则的企业，自2021年1月1日起施行；（3）母公司或子公司在境外上市且按照国际财务报告准则或企业会计准则编制其境外财务报表的企业可以提前实施。

为了统一准则执行口径，财政部会计司于 2019 年 7 月组编出版了《〈企业会计准则第 21 号——租赁〉应用指南》，为新租赁准则涉及的重点难点问题提供释例和操作性指引。随后，又发布新租赁准则应用案例，涉及新冠肺炎疫情相关租金减让会计处理原则以及租金减让中的经营租赁和融资租赁。应用指南和应用案例为新租赁准则进入操作层面奠定了坚实的基础。

自 2018 年新租赁准则公布后，我们承接了不少相关研究和教学工作。在研究和教学过程中发现，各方对学习和理解新租赁准则与税法的差异还存在以下困难：一是准确理解准则规定的原理、内在逻辑存在很大挑战。因为在新租赁准则下，承租人不再将租赁区分为经营租赁或融资租赁，而是采用统一的会计处理规则，对短期租赁和低价值资产租赁以外的所有其他租赁均确认使用权资产和租赁负债，并分别计提折旧和利息费用。但是，出租人要将租赁区分为经营租赁或融资租赁。这种非对称会计处理规则给理解新租赁准则带来了挑战。二是新租赁准则与税法的差异研究几乎是空白。尚未有专门的书籍系统比较新租赁准则及其应用指南与税法之间的差异，在企业所得税年度汇算清缴实务中相关税会差异尤其值得关注。显然，若没有掌握新租赁准则与税法之间的差异，将会对准则实施以及税收的征管、风险管理和稽查产生重大不利影响。三是企业财会人员、税务中介从业者、税务干部亟须学习新租赁准则及其与税法之间的差异。这是准则有效实施和税收征管顺利进行的重要前提，但实务中缺乏将新租赁准则与税法有机融合起来展开分析及讲解的书籍和师资。

为了补齐我国当前新租赁准则与税法差异学习培训的短板，做"立学为民、治学报国"精神的实践者与传承者，推进新租赁准则的有效实施和税收征管的顺利进行，我们尝试着系统厘清新租赁准则的原理、归纳总结准则要点，并与税法展开系统的差异分析，主要在以下六个方面进行探索：一是租赁相关会计概念与税法比较；二是租赁的涉税规定；三是承租人的会计处理与税务处理；四是出租人的会计处理与税务处理；五是特殊租赁业务的会计处理与税务处理；六是列报规则与税务处理。

本书具有以下特点：

（1）以权威资料为蓝本，确保差异比较质量。本书以新租赁准则及其应用指南为蓝本，并参考2022年注册会计师考试《会计》教材。同时，增值税、企业所得税等税收法规都采纳当前最新文件。权威的参考资料使得两者之间的差异比较具有针对性和可操作性。

（2）重视归纳总结，确保内容可理解。新租赁准则中承租人不区分经营租赁，统一确认为"使用权资产"，与原租赁准则承租人的会计处理存在重大差异。考虑到持续趋同的要求，新租赁准则主要源于《国际财务报告准则第16号——租赁》（国际会计准则理事会（IASB）于2016年1月发布，自2019年1月1日起实施）的直接翻译，语言较为晦涩难懂，这对初学者来说是重大考验。本书对每个重要知识点强化归纳总结，以"特别提示"呈现，帮助读者理解新租赁准则及其与税法差异的重点内容，为掌握重要知识点奠定坚实基础。

（3）学院派与实践派紧密结合，确保差异比较理论与实务协调一致。本书作者涵盖全国会计领军人才、全国税务领军人才和国内知名会计准则培训专家，他们拥有深厚的理论功底、扎实的专业基础和丰富的实战经验。作者常年研究准则、研习税法、从事企业所得税汇算清缴与会计准则的培训和辅导工作，在该领域积累了丰富的经验，为读者深入理解新租赁准则及其与税法的差异提供了重要保障。

本书是集体智慧的结晶，具体分工如下：曹越负责全书的总体设计、总纂、最终修改与定稿；曹越和何振华负责新租赁准则与税法差异比较；郭建华和曹越负责新租赁准则重要知识点的归纳总结。本书写作过程中汲取了许多专家学者的研究成果，税务专家廖先军和王质君同志提出了很多建设性意见，硕士研究生张璐做了大量基础性工作，并承担了繁杂的校对工作。天健会计师事务所高级合伙人、全国会计领军人才特殊支持计划入选者毛育晖博士以及全国税务领军人才、国家税务总局四川省税务局汪青长同志认真审校了全书，并提出了宝贵的修改意见，令我们深受感动。在此一并表示衷心的感谢。

感谢全国税务领军人才项目和全国会计领军人才（学术类）项目对本专著出版的大力支持。感谢中国人民大学出版社编辑的认真编校。当然，囿于作者学识水平，书中难免出现疏漏和不足，恳请广大读者批评指正。我们期待全国兄弟院校师生和实务界工作者的反馈意见（电子邮箱：fengyun8415@126.com）。

　　本书受全国税务领军人才项目、全国会计领军人才（学术类）项目和湖南财政与会计研究基地资助。

　　本书可以作为会计、税收类本科生及研究生教学的参考书以及财会人员、税务干部培训的参考读物。

曹　越　何振华　郭建华
于湖南大学岳麓山下

目录

第一章　租赁相关会计概念与税法比较 / 1

  一、租赁的识别 / 2

  二、租赁的分拆与合并 / 35

  三、租赁期 / 43

  四、租赁相关会计科目与主要账务处理 / 52

  五、新租赁准则的适用范围 / 66

第二章　租赁的涉税规定 / 68

  一、增值税 / 69

  二、企业所得税 / 81

  三、其他税种 / 83

第三章　承租人的会计处理与税务处理 / 86

  一、租赁负债的初始计量与税务处理 / 87

  二、使用权资产的初始计量与税务处理 / 114

  三、租赁负债的后续计量与税务处理 / 121

  四、使用权资产的后续计量与税务处理 / 150

五、租赁变更 / 155

六、短期租赁和低价值资产租赁 / 168

第四章 出租人的会计处理与税务处理 / 174

一、出租人的租赁分类 / 174

二、融资租赁 / 178

三、经营租赁 / 199

第五章 特殊租赁业务的会计处理与税务处理 / 202

一、转租赁 / 202

二、生产商或经销商出租人的融资租赁 / 217

三、售后租回交易 / 229

第六章 列报规则与税务处理 / 251

一、承租人的列报与税务处理 / 251

二、出租人的列报与税务处理 / 254

附　录 / 255

第一章
租赁相关会计概念与税法比较

本章思维导图

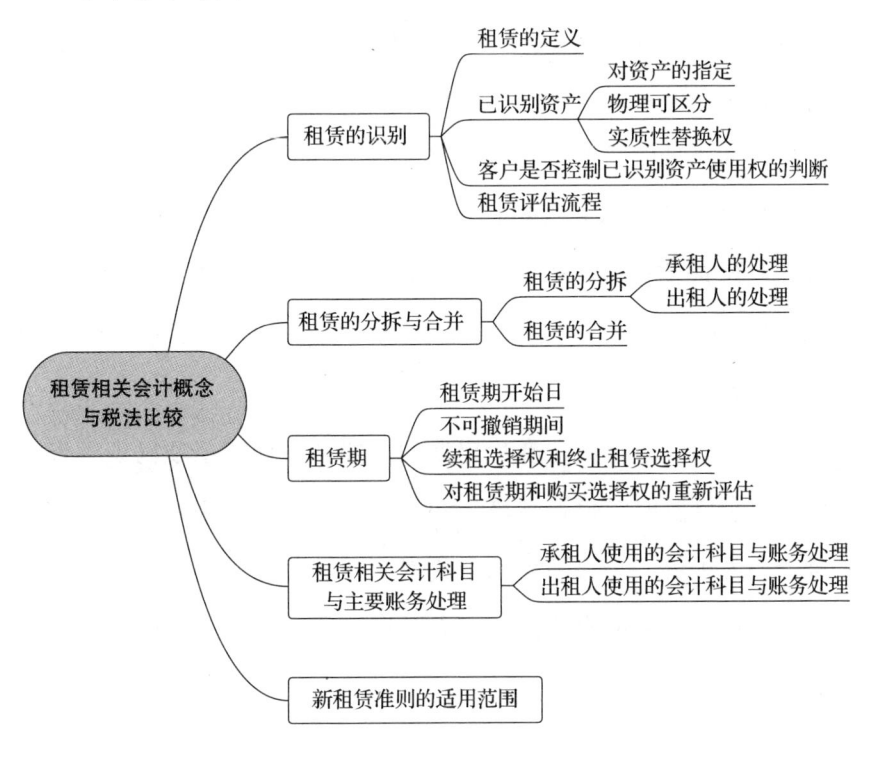

- 租赁相关会计概念与税法比较
  - 租赁的识别
    - 租赁的定义
    - 已识别资产
      - 对资产的指定
      - 物理可区分
      - 实质性替换权
    - 客户是否控制已识别资产使用权的判断
    - 租赁评估流程
  - 租赁的分拆与合并
    - 租赁的分拆
      - 承租人的处理
      - 出租人的处理
    - 租赁的合并
  - 租赁期
    - 租赁期开始日
    - 不可撤销期间
    - 续租选择权和终止租赁选择权
    - 对租赁期和购买选择权的重新评估
  - 租赁相关会计科目与主要账务处理
    - 承租人使用的会计科目与账务处理
    - 出租人使用的会计科目与账务处理
  - 新租赁准则的适用范围

一、租赁的识别

（一）租赁的定义

1. 会计处理

新租赁准则规定，租赁是指在一定期间内，出租人将资产的使用权让与承租人以获取对价的合同。该定义指出了租赁的关键点是"资产使用权让与＋获取对价"。

值得注意的是，《民法典》第七百零三条规定，租赁合同是出租人将租赁物交付承租人使用、收益，承租人支付租金的合同。

租赁的会计定义与《民法典》相比，更加重视描述经济实质。《民法典》中，"出租人将租赁物交付承租人使用"，实际上就是出租人让与资产使用权；"承租人支付租金"实质上就是"出租人获取对价"。可见，会计上的租赁定义与《民法典》中的租赁定义并无实质区别。

如果合同一方让渡了在一定期间内控制一项或多项已识别资产使用的权利以换取对价，则该合同为租赁或者包含租赁。一项合同要被分类为租赁，必须满足三个要素：一是存在一定期间；二是存在已识别资产；三是资产供应方向客户转移对已识别资产使用权的控制。

> **特别提示 1**
>
> 租赁三个要素可以简记为：存在一定期间＋存在已识别资产＋转移该资产使用权的控制。

> **特别提示 2**
>
> "一定期间"也可表述为已识别资产的使用量（如某项设备的产出量）。

已识别资产的权利构成一项单独租赁的条件是：承租人从资产使用中获利，且与其他资产不存在高度依赖或关联。

若合同条款未发生变化，企业无须重新评估合同是否为租赁或是否包含租赁。

2. 税务处理

《销售服务、无形资产、不动产注释》（财税〔2016〕36号附件1）规定：租赁服务，包括融资租赁服务和经营租赁服务。融资租赁服务是指具有融资性质和所有权转移特点的租赁活动。即出租人根据承租人所要求的规格、型号、性能等条件购入有形动产或者不动产租赁给承租人，合同期内租赁物所有权属于出租人，承租人只拥有使用权，合同期满付清租金后，承租人有权按照残值购入租赁物，以拥有其所有权。不论出租人是否将租赁物销售给承租人，均属于融资租赁。经营租赁服务是指在约定时间内将有形动产或者不动产转让他人使用且租赁物所有权不变更的业务活动。

综上可见，尽管税法并未单独定义租赁，但有关融资租赁和经营租赁的定义表明，租赁的税法含义与会计基本相同①，只是表述方式不同，两者并无实质性区别。

（二）已识别资产

1. 会计处理

（1）对资产的指定。新租赁准则规定，已识别资产通常由合同明确指定，也可以在资产可供客户使用时隐性指定。

> **特别提示**
>
> 对资产指定是指合同指定/隐性指定（资产可供客户使用时）。

【例1-1】 甲公司（客户）与乙公司（供应方）签订了使用乙公司一节火车车厢的5年期合同。该车厢专为用于运输甲公司生产过程中使用的特殊材料而设计，未经重大改造不适合其他客户使用。合同中没有明确指定轨道车辆（例如，通过序列号），但是乙公司仅拥有一节适合甲公司使用的火车车厢。如果车厢不能正常工作，合同要求乙公司修理或更换车厢。

会计处理：

具体哪节火车车厢虽未在合同中明确指定，但是被隐性指定，因为乙公司仅拥有一节适合甲公司使用的火车车厢，必须使用其来履行合

---

① 值得注意的是，税法中并无融资租赁和经营租赁的具体判断标准，实务中与会计基本保持一致。具体请参见本书中出租人租赁类型的划分标准。

同，乙公司无法自由替换该车厢。因此，火车车厢是一项已识别资产。

税务处理：

本例中，税法认可会计处理，即将火车车厢作为租赁资产的标的物。本例涉及的税收：

（1）增值税。火车车厢属于有形动产，出租人乙公司属于提供有形动产租赁服务。若该租赁属于经营租赁，其销售额为向承租人甲公司收取的租金和价外费用；若该租赁属于融资租赁（假设属于经批准从事融资租赁业务的纳税人①），其销售额为向承租人甲公司收取的全部价款和价外费用扣除支付的融资利息、车辆购置税后的余额。在租赁双方均为一般纳税人的情况下，出租人乙公司需要向承租人甲公司开具税率为13％的增值税专用发票。

（2）企业所得税。根据《中华人民共和国企业所得税法》（以下简称《企业所得税法》）第六条及《中华人民共和国企业所得税法实施条例》（以下简称《实施条例》）第十九条规定，租金收入，按照合同约定的承租人应付租金的日期确认收入的实现。同时，《国家税务总局关于贯彻落实企业所得税法若干税收问题的通知》（国税函〔2010〕79号）第一条规定，如果交易合同或协议中规定租赁期限跨年度，且租金提前一次性支付的，出租人可对上述已确认的收入，在租赁期内，分期均匀计入相关年度收入。本例中，甲公司与乙公司签订5年期合同，乙公司应该按照合同约定的甲公司应付租金的日期确认收入的实

---

① 若未经批准从事融资租赁业务，则该纳税人的销售额为纳税人收取的全部价款和价外费用。下同。

现。甲公司在租赁开始日要划分租赁的类型。若为经营租赁，支付的租赁费支出按租赁期均匀扣除（《实施条例》第四十七条）；若为融资租赁，按租赁合同约定的付款总额（或租赁资产的公允价值）与签订合同发生的相关费用作为租入资产的计税基础。支付的租赁费应当通过计提折旧费用的方式分期扣除（《实施条例》第四十七条）。

（3）印花税。双方签订的租赁合同如果属于经营租赁合同，应按合同所载租金总额（不含增值税）的 1‰ 计算缴纳印花税；如果属于融资租赁合同，则按合同所载租金总额（不含增值税）的 0.05‰ 计算缴纳印花税。

（2）物理可区分。如果资产的部分产能在物理上可区分（例如，建筑物的一层），则该部分产能属于已识别资产。如果资产的某部分产能与其他部分在物理上不可区分（例如，光缆的部分容量），则该部分不属于已识别资产，除非其实质上代表该资产的全部产能，从而使客户获得因使用该资产所产生的几乎全部经济利益。

> **特别提示**
>
> 物理可区分：1）部分产能可区分，属于已识别资产；2）部分产能与其他部分不可区分，若部分产能代表资产全部产能，属于已识别资产，否则不属于已识别资产。

【例 1-2】 情形 1：甲公司（客户）与乙公司（公用设施公司）签订了一份为期 15 年的合同，以取得连接 A、B 城市光缆中 3 条指定的物理上可区分的光纤使用权。若光纤损坏，乙公司应负责修理

第一章 租赁相关会计概念与税法比较

和维护。乙公司拥有额外的光纤，但仅可由于修理、维护或故障等原因替换指定给甲公司使用的光纤。

情形2：甲公司与乙公司签订了一份为期15年的合同，以取得连接A、B城市光缆中约定带宽的光纤使用权。甲公司约定的带宽相当于使用光缆中3条光纤的全部传输容量（乙公司光缆包含15条传输容量相近的光纤）。

会计处理：

情形1下，合同明确指定了3条光纤，并且这些光纤与光缆中的其他光纤在物理上可区分，乙公司不可由于修理、维护或故障以外的原因替换光纤，因此情形1中存在3条已识别光纤。

情形2下，甲公司仅使用光缆的部分传输容量，提供给甲公司使用的光纤与其余光纤在物理上不可区分，且不代表光缆的几乎全部传输容量，因此情形2中不存在已识别资产。

税务处理：

与上例类似，情形1属于租赁合同。本例中，税法认可会计处理，即将光纤作为租赁资产的标的物。本例涉及的税种有：

（1）增值税。光纤属于有形动产，出租人乙公司属于提供有形动产租赁服务。若该租赁属于经营租赁，其销售额为向承租人甲公司收取的租金和价外费用；若该租赁属于融资租赁（假设属于经批准从事融资租赁业务的纳税人），其销售额为向承租人甲公司收取的全部价款和价外费用扣除支付的融资利息后的余额。在租赁双方均为一般纳税人的情况下，出租人乙公司需要向承租人甲公司开具税率为13%的增值税专用发票。

（2）企业所得税。承租人甲公司与出租人乙公司签订15年期合同，乙公司应该按照合同约定的甲公司应付租金的日期确认收入的实现。承租人甲公司在租赁开始日要划分租赁的类型。若为经营租赁，支付的租赁费支出按租赁期均匀扣除（《实施条例》第四十七条）；若为融资租赁，按租赁合同约定的付款总额（或租赁资产的公允价值）与签订合同发生的相关费用作为租入资产的计税基础，支付的租赁费应当通过计提折旧费用的方式分期扣除（《实施条例》第四十七条）。

（3）印花税。双方签订的租赁合同如果属于经营租赁合同，应按合同所载租金总额（不含增值税）的1‰计算缴纳印花税；如果属于融资租赁合同，则按合同所载租金总额（不含增值税）0.05‰计算缴纳印花税。

针对情形2，税法认可会计处理，不存在租赁标的物，按一般的服务合同进行税务处理。承租人甲公司支付的款项直接计入费用（允许当期扣除）或相关资产的成本（后续转化为费用时扣除），出租人乙公司按提供服务的完工进度确认服务收入。若双方都属于一般纳税人，则乙公司在纳税义务发生时向甲公司开具税率为9%的增值税专用发票。

（3）实质性替换权。新租赁准则规定，即使合同已对资产进行指定，如果资产供应方在整个使用期间拥有对该资产的实质性替换权，则该资产不属于已识别资产。本书认为，这种实质性替换权实际上违背了租赁定义中的"资产使用权让与＋获取对价"关键点。

实质性替换权表明资产供应方并未完全让与资产使用权，同时资产供应方也无法获取正常情况下的充分对价。

<u>同时符合下列条件时，表明资产供应方拥有资产的实质性替换权：</u>

1) <u>资产供应方拥有在整个使用期间替换资产的实际能力</u>。如客户无法阻止供应方替换资产，且用于替换的资产对于资产供应方而言易于获得或者可以在合理期间内取得。

2) <u>资产供应方通过行使替换资产的权利将获得经济利益</u>。即替换资产的预期经济利益将超过替换资产所需成本。

> 📢 **特别提示 1**
>
> 拥有实质性替换权的条件：整个使用期拥有替换资产能力＋行权将获得净经济利益。

> 📢 **特别提示 2**
>
> 资产供应方在特定日期或者特定事件发生日或之后拥有替换资产的权利或义务，该替换权不具有实质性。原因在于未涵盖"整个使用期"。

> 📢 **特别提示 3**
>
> 评估替换权是否具有实质性应基于合同开始日（即生效日）的事实和情况。

> **特别提示 4**
>
> 资产供应方在资产运行结果不佳或者进行技术升级的情况下，因修理和维护而替换资产的权利或义务不属于实质性替换权。原因在于这种替换既没有涵盖整个使用期，也不属于资产正常运行状态下的替换。

> **特别提示 5**
>
> 在无法确定资产供应方拥有实质性替换权的情况下，视同资产供应方无实质性替换权。这是会计信息质量要求中"谨慎性"质量特征的运用。

2. 税务处理

首先，税法中并无已识别资产的定义，对应的概念是租赁的标的物。实务中，建议税务处理认可会计准则规定，因为准则中有关已识别资产的定义突出体现了租赁标的物的经济实质。

其次，税法上并无实质性替换权的相关内容。《民法典》第七百零四条规定，租赁合同的内容一般包括租赁物的名称、数量、用途、租赁期限、租金及其支付期限和方式、租赁物维修等条款。尽管这一条也可以理解为租赁合同需要明确准则上的"一定期间"和"已识别资产"，但《民法典》并未强调"实质性替换权"问题。增值税法规定，租赁服务包括融资租赁服务和经营租赁服务（财税〔2016〕

36号）。其中，经营租赁服务，是指在约定时间内将有形动产或者不动产转让他人使用且租赁物所有权不变更的业务活动。从经营租赁的定义来看，与《民法典》中的规定类似，强调资产使用权的让与。与准则中租赁的三个要素比较分析，税法对经营租赁的定义也强调"一定期间"（约定时间内）、"已识别资产"（有形动产或不动产）和"转让资产使用权的控制"（转让他人使用且所有权不变更），但并未强调已识别资产"无实质性替换权"。本书认为，从交易的实质来看，《民法典》和税法中的经营租赁隐含"无实质性替换权"的要义。

【例1-3】 甲公司（客户）与乙公司（供应方）签订合同，合同要求乙公司在5年内按照约定的时间表使用指定型号的火车车厢为甲公司运输约定数量的货物。合同中约定的时间表和货物数量相当于甲公司在5年内有权使用10节指定型号火车车厢。合同规定了所运输货物的性质。乙公司有大量类似的车厢可以满足合同要求。车厢不用于运输货物时存放在乙公司处。

会计处理：

（1）乙公司在整个使用期间有替换每节车厢的实际能力。用于替换的车厢是乙公司易于获得的，且无须甲公司批准即可替换。

（2）乙公司可通过替换车厢获得经济利益。车厢存放在乙公司处，乙公司拥有大量类似的车厢，替换每节车厢的成本极小，乙公司可以通过替换车厢获益，如使用已位于任务所在地的车厢执行任务，或利用某客户未使用而闲置的车厢。

因此，乙公司拥有车厢的实质性替换权，合同中用于运输甲公司货物的车厢不属于已识别资产。即甲公司与乙公司之间签订的合同不能适用租赁合同，而应该适用一般的服务合同。甲公司支付的款项直接计入费用或相关资产的成本。

税务处理：

本例中，税法认可乙公司拥有车厢的实质性替换权。甲、乙公司之间签订的合同，本质上就是乙公司向甲公司提供货运服务。本例涉及的主要税收有：

（1）增值税。乙公司应按交通运输服务税目进行增值税处理，若交易双方均属于一般纳税人，乙公司应向甲公司开具税率为9%的增值税专用发票。

（2）企业所得税。乙公司向甲公司收取的货运费应确认为收入。甲公司支付自身用于销售的货物的运输费用，计入销售费用，允许税前全额扣除；甲公司支付采购货物的运输费用，属于进货费用，计入当期采购成本，未来再视情况计入营业成本，允许税前全额扣除。

（3）印花税。甲公司与乙公司之间签订的合同属于运输合同，按运输费用的0.3‰计算缴纳印花税。

【例1-4】 甲公司是一家便利店运营企业，与某机场运营商乙公司签订了使用机场内某处商业区域销售商品的3年期合同。合同规定了商业区域的面积，商业区域可以位于机场内的任一登机区域，乙公司有权在整个使用期间随时调整分配给甲公司的商业区域位置。

甲公司使用易于移动的自有售货亭销售商品。机场有很多符合合同规定的区域可供甲公司使用。

会计处理：

（1）乙公司在整个使用期间有变更甲公司使用的商业区域的实际能力。机场内有许多区域符合合同规定，乙公司有权随时将甲公司使用的商业区域的位置变更至其他区域而无须甲公司批准。

（2）乙公司通过替换商业区域将获得经济利益。因为售货亭易于移动，所以乙公司变更甲公司所使用商业区域的成本极小。乙公司能够根据情况变化最有效地利用机场登机区域，因此乙公司能够通过替换机场内的商业区域获益。甲公司控制的是自有售货亭，而合同约定的是机场内的商业区域，乙公司可随意变更该商业区域，即乙公司有替换甲公司所使用商业区域的实质性权利。

因此，尽管合同具体规定了甲公司使用的商业区域的面积，但合同中不存在已识别资产。

税务处理：

本例中，甲公司与运营商乙公司签订合同，使用机场内某处商业区域销售商品，乙公司属于提供场地使用服务。本例涉及的主要税收有：

（1）增值税。乙公司应按其他服务税目进行增值税处理，若交易双方均属于一般纳税人，乙公司应向甲公司开具税率为6%的增值税专用发票。

（2）企业所得税。乙公司向甲公司收取的场地使用费应确认为收入；甲公司支付的场地使用费，计入销售费用，允许税前全额扣除。

(3) 印花税。甲公司与乙公司之间签订的合同不属于印花税列举的合同范围，不征印花税。

【例1-5】 甲公司（客户）与乙公司（供应方）签订了使用一架指定飞机的两年期合同，合同详细规定了飞机的内外部规格。合同规定，乙公司在两年合同期内可以随时替换飞机，在飞机出现故障时则必须替换飞机；无论哪种情况下，所替换的飞机必须符合合同中规定的内外部规格。在乙公司的机队中配备符合甲公司要求规格的飞机所需成本高昂。

会计处理：

本例中，合同明确指定了飞机，尽管合同允许乙公司替换飞机，但配备另一架符合合同要求规格的飞机会发生高昂的成本，乙公司不会因替换飞机而获益，因此乙公司的替换权不具有实质性。本例中存在已识别资产。

税务处理：

税法认可乙公司的替换权不具有实质性。上述飞机租赁属于航空运输的干租形式。干租业务，是指航空运输企业将飞机在约定的时间内出租给他人使用，不配备机组人员，不承担运输过程中发生的各项费用，只收取固定租赁费的业务活动（财税〔2016〕36号）。航空运输的干租业务属于有形动产经营租赁。本例涉及的主要税收有：

(1) 增值税。乙公司应按有形动产租赁税目进行增值税处理，销售额为向甲公司收取的全部价款和价外费用。若交易双方都属于一般纳税人，乙公司应向甲公司开具税率为13%的增值税专用发票。

（2）企业所得税。乙公司向甲公司收取的租赁费应按合同约定的付款日期确认为收入的实现；甲公司支付的飞机租赁费，按权责发生制原则进行税务处理，计入相关期间的营业成本，允许税前扣除。

（3）印花税。甲公司与乙公司之间签订的合同属于租赁合同，双方均应按合同所载租金总额（不含增值税）的1‰缴纳印花税。

(三) 客户是否控制已识别资产使用权的判断

1. 会计处理

新租赁准则规定，为确定合同是否让渡了在一定期间内控制已识别资产使用的权利，企业应当评估合同中的客户是否有权获得在使用期间因使用已识别资产所产生的几乎全部经济利益，并有权在该使用期间主导已识别资产的使用。

> 📢 **特别提示1**
>
> 控制（使用期间）：有权获取几乎全部经济利益（应在约定的权利范围内考虑已识别资产所产生的经济利益）＋有权主导已识别资产的使用（在整个使用期主导已识别资产的使用目的和方式/使用目的和方式预先确定的，客户有权运营该资产或客户设计已识别资产且预先确定使用目的和方式）。

> **📢 特别提示 2**
>
> 对客户使用资产权利范围的合理限定（防范违法的条款和条件：资产使用最大工作量/限定资产使用地点或时间/遵守特定操作惯例/变更资产使用方式时通知资产供应方），不足以否定客户拥有主导资产使用的权利。

2. 税务处理

税法并无判断客户是否控制已识别资产使用权的标准，实务中建议遵从会计准则规定。

【例1-6】 甲公司（客户）与乙公司（供应方）就使用一辆卡车在一周内将货物从A地运至B地签订了合同。根据合同，乙公司只提供卡车、发运及到货的时间和站点，甲公司负责派人驾车自A地到B地。合同中明确指定了卡车，并规定在合同期内该卡车只允许用于运输合同中指定的货物，乙公司没有替换权。合同规定了卡车可行驶的最大里程。甲公司可在合同规定的范围内选择具体的行驶速度、路线、停车休息地点等。甲公司在指定路程完成后无权继续使用这辆卡车。

会计处理：

本例中，合同明确指定了一辆卡车，且乙公司无权替换，因此合同存在已识别资产。合同预先确定了卡车的使用目的和使用方式，即在规定时间内将指定货物从A地运至B地。甲公司有权在整个使用期间操作卡车（例如决定行驶速度、路线、停车休息地点），因此甲公司主导了卡车的使用，甲公司通过控制卡车的操作在整个使用期间全权决定卡车的使用。

税务处理：

上述卡车租赁属于有形动产租赁。本例涉及的主要税收有：

(1) 增值税。乙公司应按有形动产租赁税目进行增值税处理，销售额为向甲公司收取的全部价款和价外费用。若交易双方都属于一般纳税人，乙公司应向甲公司开具税率为13%的增值税专用发票。

(2) 企业所得税。乙公司向甲公司收取的租赁费应按合同约定的付款日期确认为收入；甲公司支付的卡车租赁费，按权责发生制原则进行税务处理，计入相关期间的营业成本，允许税前扣除。

(3) 印花税。甲公司与乙公司之间签订的合同属于租赁合同，双方均应按合同所载租金总额（不含增值税）的1‰缴纳印花税。

【例1-7】 甲公司（客户）与乙公司（供应方）签订了购买某一新太阳能电厂20年生产的全部电力的合同。合同明确指定了太阳能电厂，且乙公司没有替换权。太阳能电厂的产权归乙公司所有，乙公司不能通过其他电厂向甲公司供电。太阳能电厂在建造之前由甲公司设计，甲公司聘请了太阳能专家协助其确定太阳能电厂的选址和设备工程。乙公司负责按照甲公司的设计建造太阳能电厂，并负责电厂的运行和维护。关于是否发电、发电时间和发电量无须再进行决策，该项资产在设计时已经预先做出了这些决策。

会计处理：

本例中，合同明确指定了太阳能电厂，且乙公司无权替换，因此合同存在已识别资产。由于太阳能电厂使用目的、使用方式等相关决策在太阳能电厂设计时已预先做出，因此，尽管太阳能电厂的运营由乙公司负责，但是该电厂由甲公司设计这一事实赋予了甲公司主导电厂使用的权利，甲公司在整个20年使用期内有权主导太阳能电厂的使用。

税务处理：

上述业务实质上属于不动产租赁合同。本例涉及的税种有：

（1）增值税。太阳能电厂属于不动产，出租人乙公司属于提供不动产租赁服务。若该租赁属于经营租赁，其销售额为向承租人甲公司收取的租金和价外费用；若该租赁属于融资租赁（假设属于经批准从事融资租赁业务的纳税人），其销售额为向承租人甲公司收取的全部价款和价外费用扣除支付的融资利息后的余额。出租人乙公司若在2016年4月30日前签订太阳能电厂融资租赁合同，或以2016年4月30日前取得的太阳能电厂提供融资租赁服务，可以选择简易计税方法，按照5%的征收率计算缴纳增值税（财税〔2016〕47号）。在租赁双方均为一般纳税人的情况下，出租人乙公司选择一般计税方法，需要向承租人甲公司开具税率为9%的增值税专用发票；出租人乙公司选择简易计税方法，需要向甲公司开具5%征收率的增值税普通发票（也可以开具5%征收率的增值税专用发票，下同）。

（2）企业所得税。甲公司与乙公司签订20年期合同，乙公司应该按照合同约定的甲公司应付租金的日期确认收入的实现。甲公司在租赁开始日要划分租赁的类型。若为经营租赁，支付的租赁费支出按租赁期均匀扣除（《实施条例》第四十七条）；若为融资租赁，按租赁合同约定的付款总额（或租赁资产的公允价值）与签订合同发生的相关费用作为租入资产的计税基础，支付的租赁费应当通过计提折旧费用的方式分期扣除（《实施条例》第四十七条）。

（3）印花税。双方签订的租赁合同如果属于经营租赁合同，应按合同所载租金总额（不含增值税）的1‰计算缴纳印花税；如果属于融资租赁合同，则按合同所载租金总额（不含增值税）的0.05‰计算缴纳印花税。

（4）房产税。出租人乙公司出租太阳能电厂要按租金收入（不含增值税）的12%计算缴纳房产税（财税〔2016〕43号）。

【例1-8】 沿用例1-7，但电厂由乙公司在合同签订前自行设计。

会计处理：

本例中，合同明确指定了电厂，且乙公司无权替换，因此合同存在已识别资产。电厂的使用目的和使用方式，即是否发电、发电时间和发电量，在合同中已预先确定。甲公司在使用期间无权改变电厂的使用目的和使用方式，没有关于电厂使用的其他决策权（例如，甲公司不运营电厂），也未参与电厂的设计，因此甲公司在使用期间无权主导电厂的使用，即该合同不适用于租赁合同，应适用购销合同。

税务处理：

甲公司在使用期间无权主导电厂的使用，该合同属于电力购销合同。本例涉及的税收有：

（1）增值税。乙公司应按销售货物进行增值税处理，若交易双方属于一般纳税人，乙公司应向甲公司开具税率为13%的增值税专用发票。

(2) 企业所得税。乙公司向甲公司收取的电力费应按权责发生制原则确认收入；甲公司支付的电力费，计入相关产品的生产成本或期间费用，计入生产成本的电力费随着产品销售结转的成本在税前扣除，计入期间费用的电力费当期可以直接税前扣除。

(3) 印花税。甲公司与乙公司之间签订的合同属于购销合同，双方均应按合同价款（不含增值税）的 0.3‰ 缴纳印花税。

【例 1-9】 甲公司（客户）与乙公司（供应方）签订合同，使用指定的乙公司船只将货物从 A 地运至 B 地。合同明确规定了船只、运输的货物以及装卸日期。乙公司没有替换船只的权利。运输的货物将占据该船只几乎全部的运力。乙公司负责船只的操作和维护，并负责船上货物的安全运输。合同期间，甲公司不得雇用其他人员操作船只或自行操作船只。

会计处理：

本例中，合同明确指定了船只，且乙公司无权替换，因此合同存在已识别资产。合同预先确定了船只的使用目的和使用方式，即在规定的装卸日期将指定货物从 A 地运至 B 地。甲公司在使用期间无权改变船只的使用目的和使用方式，没有关于船只使用的其他决策权（例如，甲公司无权操作船只），也未参与该船只的设计，因此甲公司在使用期间无权主导船只的使用。该合同不属于租赁合同，而属于交通运输合同。

税务处理：

本例中，乙公司负责配备人员操作船只、维护船只，并负责船上货物的安全运输。这属于水路运输服务中的期租业务。期租业务，是指运输企业将配备有操作人员的船舶承租给他人使用一定期限，承租期内听候承租方调遣，不论是否经营，均按天向承租方收取租赁费，发生的固定费用均由船东负担的业务（财税〔2016〕36号）。本例涉及的税收有：

（1）增值税。乙公司应按水路运输税目进行增值税处理，若交易双方均属于一般纳税人，乙公司应向甲公司开具税率为9%的增值税专用发票。

（2）企业所得税。乙公司向甲公司收取的款项应按权责发生制原则确认收入。甲公司支付的运输费，若是采购货物，则计入相关存货的采购成本；若是销售货物且自己负担运输费，则计入销售费用，允许税前扣除；若是销售货物且自己垫付，则计入应收账款或合同资产。

（3）印花税。甲公司与乙公司之间签订的合同属于运输合同，双方均应按合同价款（不含增值税）的0.3‰缴纳印花税。

【例1-10】 甲公司（客户）与电信公司乙公司（供应方）签订了两年期的网络服务合同，合同要求乙公司提供约定传输速度和质量的网络服务。为提供这项服务，乙公司在甲公司安装并配置了服务器。在保证约定的甲公司在网络上使用服务器传输数据的速度和质量的前提下，乙公司有权决定使用服务器传输数据的方式（包括服务器接入的网络）、是否重新配置服务器以及是否将服务器用于其他用途。甲公司并不操作服务器或对其使用做出任何重大决定。

会计处理：

乙公司是使用期间唯一可就服务器的使用做出相关决策的一方。

尽管甲公司可以在使用期开始前决定网络的服务水平（网络服务的传输速度和质量），但其不能直接影响网络服务的配置，也不能决定服务器的使用方式和使用目的，因此甲公司在使用期间不能主导服务器的使用。该合同不能适用租赁，而属于一般的电信网络服务合同。甲公司支付的网络服务费根据受益原则，计入当期成本或费用。

税务处理：

本例中，税法认可会计处理。本例涉及的税收有：

（1）增值税。乙公司应按电信服务进行增值税处理。电信服务是指利用有线、无线的电磁系统或者光电系统等各种通信网络资源，提供语音通话服务，传送、发射、接收或者应用图像、短信等电子数据和信息的业务活动。电信服务包括基础电信服务和增值电信服务：前者是指利用固网、移动网、卫星、互联网，提供语音通话服务的业务活动，以及出租或者出售带宽、波长等网络元素的业务活动；后者是指利用固网、移动网、卫星、互联网、有线电视网络，提供短信和彩信服务、电子数据和信息的传输及应用服务、互联网接入服务等业务活动（财税〔2016〕36号）。本例的业务主要是电子数据和信息的传输、互联网接入服务，属于增值电信服务。若交易双方均属于一般纳税人，乙公司应向甲公司开具税率为6%的增值税专用发票。

（2）企业所得税。乙公司向甲公司收取的款项应按权责发生制原则确认收入；甲公司支付的电信服务费一般计入当期管理费用，允许税前扣除。

（3）印花税。甲公司与乙公司之间签订的合同不属于印花税列举的合同范围，不需要缴纳印花税。

第一章 租赁相关会计概念与税法比较 23

【例 1-11】 甲公司（客户）与乙公司（供应方）签订了使用指定船只的 5 年期合同。合同明确规定了船只，且乙公司没有替换权。甲公司在整个 5 年使用期内决定运输的货物、船只是否航行以及航行的时间和目的港，但须遵守合同规定的限制条件。这些限制条件是为了防止甲公司将船只驶入遭遇海盗风险较高的水域或装载危险品。乙公司负责船只的操作与维护，并负责船上货物的安全运输。合同期间，甲公司不得雇用其他人员操作船只或自行操作船只。

会计处理：

本例中，合同明确指定了船只，且乙公司无权替换，因此存在已识别资产。合同中关于船只可航行水域和可运输货物的限制限定了甲公司使用船只的权利的范围，但目的仅是保护乙公司船只和人员安全。因为甲公司在使用权范围内可以决定船只是否航行、航行的时间和地点以及所运输的货物，所以甲公司在整个 5 年使用期内可以决定船只的使用目的和使用方式，并有权改变这些决定。尽管船只的操作和维护对于船只的有效使用必不可少，但乙公司在这些方面的决策并未赋予其主导船只使用目的和使用方式的权利。相反，乙公司的决策取决于甲公司关于船只使用目的和使用方式的决定。因此，甲公司在整个 5 年使用期内有权主导该船只的使用。本例适用于租赁合同。

税务处理：

本例认可会计处理，属于乙公司提供有形动产租赁服务。本例涉及的税种有：

（1）增值税。船只属于有形动产，出租人乙公司属于提供有形动产租赁服务。若该租赁属于经营租赁，其销售额为向承租人甲公司收取的租金和价外费用；若该租赁属于融资租赁（假设属于经批准从事融资租赁业务的纳税人），其销售额为向承租人甲公司收取的全部价款和价外费用扣除支付的融资利息后的余额。在租赁双方均为一般纳税人的情况下，出租人乙公司需要向承租方甲公司开具税率为13%的增值税专用发票。

（2）企业所得税。承租人甲公司与出租人乙公司签订5年期合同，出租人乙公司应该按照合同约定的承租人甲公司应付租金的日期确认收入的实现。承租人甲公司在租赁开始日要划分租赁的类型。若为经营租赁，支付的租赁费支出按租赁期均匀扣除（《实施条例》第四十七条）；若为融资租赁，按租赁合同约定的付款总额（或租赁资产的公允价值）与签订合同发生的相关费用作为租入资产的计税基础，支付的租赁费应当通过计提折旧费用的方式分期扣除（《实施条例》第四十七条）。

（3）印花税。双方签订的租赁合同如果属于经营租赁合同，应按公司所载租金总额（不含增值税）的1‰计算缴纳印花税；如果属于融资租赁合同，则按合同所载租金总额（不含增值税）的0.05‰计算缴纳印花税。

（四）租赁评估流程

综上，合同开始日，企业评估合同是否为租赁或是否包含租赁可参考图1-1。

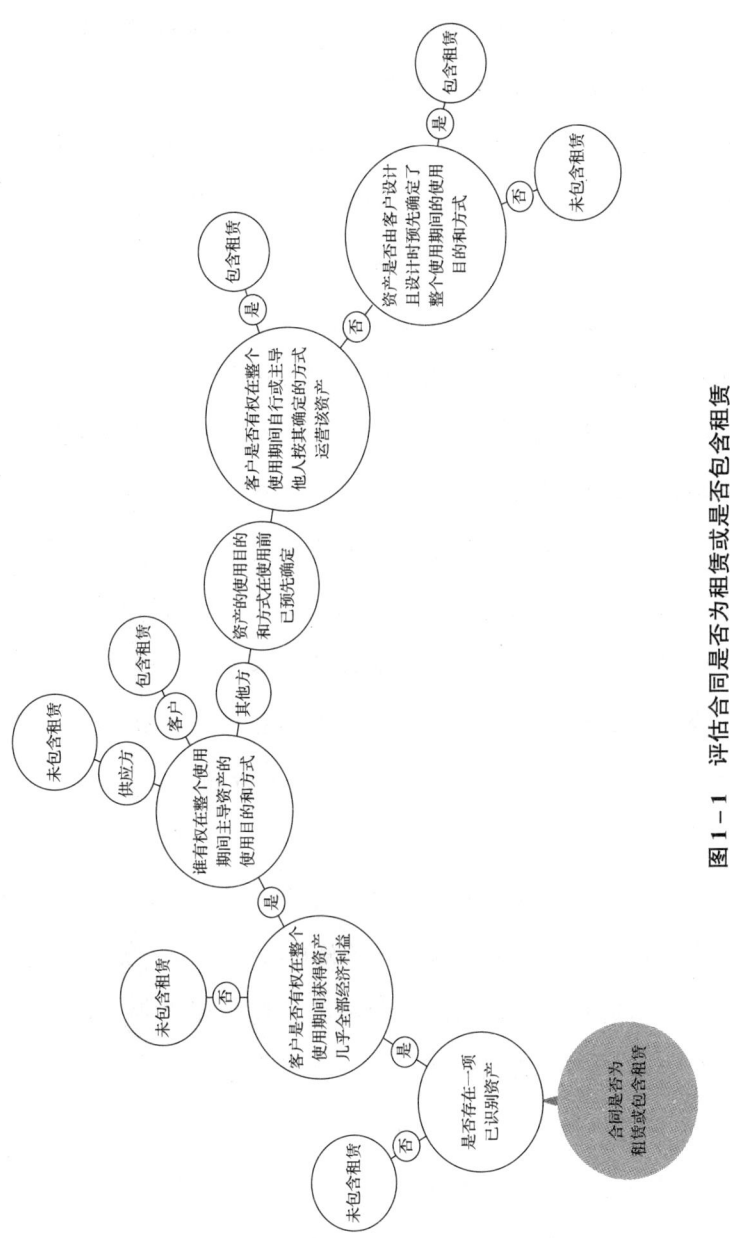

图1-1 评估合同是否为租赁或是否包含租赁

【例 1-12】 甲公司（客户）与乙公司（货运商）签订了一份使用 10 个指定型号集装箱的 5 年期合同。合同指定了具体的集装箱，集装箱归乙公司所有。甲公司有权决定何时何地使用这些集装箱以及用其运输什么货物。不用时，集装箱存放在甲公司。甲公司可将集装箱用于其他目的（如用于存储）。但合同明确规定甲公司不能运输特定类型的货物（如爆炸物）。若某个集装箱需要保养或维修，乙公司应以同类型的集装箱替换。除非甲公司违约，乙公司在合同期内不得收回集装箱。除集装箱外，合同还约定乙公司应按照甲公司的要求提供运输集装箱的卡车和司机。卡车存放在乙公司，乙公司向司机发出指示，详细说明甲公司的货物运输要求。乙公司可使用任一卡车满足甲公司的需求，卡车既可以用于运输甲公司的货物，也可以运输其他客户的货物，即如果其他客户要求运输货物的目的地与甲公司要求的目的地距离不远且时间接近，乙公司可以用同一卡车运送甲公司使用的集装箱及其他客户的货物。

会计处理：

本例中，合同明确指定了 10 个集装箱，乙公司一旦交付集装箱给甲公司，仅在集装箱需要保养或维修时方可替换，因此，这 10 个集装箱是已识别资产。合同既未明确也未隐性指定卡车，因此运输集装箱的卡车不属于已识别资产。甲公司在整个 5 年使用期内控制这 10 个集装箱的使用，原因如下：

（1）甲公司有权获得在 5 年使用期内使用集装箱所产生的几乎全部经济利益。本例中甲公司在整个使用期间（包括不使用集装箱运输货物的期间)拥有这些集装箱的独家使用权。

(2)合同中关于集装箱可运输货物的限制并未赋予乙公司主导集装箱使用目的和使用方式的权利。在合同约定的使用权范围内,甲公司可以主导集装箱的使用目的和使用方式,决定何时何地使用集装箱以及使用集装箱运输什么货物。当集装箱不用于运输货物时,甲公司还可决定是否使用以及如何使用集装箱(如用于存储)。甲公司在 5 年使用期内有权改变这些决定,因此甲公司有权主导集装箱的使用。尽管乙公司控制了运输集装箱的卡车和司机,但乙公司在这方面的决策并未赋予其主导集装箱使用目的和使用方式的权利。因此,乙公司在使用期间不能主导集装箱的使用。

基于上述分析可以得出结论,该合同包含集装箱的租赁,甲公司拥有 10 个集装箱的 5 年使用权。关于卡车的合同条款并不构成一项租赁,而是一项服务。

税务处理:

本例认可会计处理。集装箱出租是租赁业务,而有关卡车的合同属于交通运输服务合同。本例涉及的税收有:

(1)增值税。若交易双方均属于一般纳税人,针对集装箱而言,集装箱属于有形动产,出租人乙公司应按有形动产租赁税目进行增值税处理。若该租赁属于经营租赁,其销售额为向承租人甲公司收取的租金和价外费用;若该租赁属于融资租赁(假设属于经批准从事融资租赁业务的纳税人),其销售额为向承租人甲公司收取的全部价款和价外费用扣除支付的融资利息后的余额。出租人乙公司应向承租人甲公司开具税率为13%的增值税专用发票。针对卡车（因为同时配备了司机），乙公司应按交通运输服务进行增值税处理，向甲公司开具税率为9%的增值税专用发票。

（2）企业所得税。出租人乙公司向承租人甲公司收取的集装箱的租金按合同规定的付款日期确认收入。承租人甲公司在租赁开始日要划分租赁的类型：若为经营租赁，支付的租赁费支出根据受益原则分别计入相关资产的成本（纳税期末未出售不能税前扣除）或费用（可以税前扣除），按租赁期均匀扣除（《实施条例》第四十七条）；若为融资租赁，按租赁合同约定的付款总额（或租赁资产的公允价值）与签订合同发生的相关费用作为租入资产的计税基础，支付的租赁费应当通过计提折旧费用的方式分期扣除（《实施条例》第四十七条）。乙公司向甲公司收取的卡车款项，应按权责发生制原则计入收入。甲公司支付的卡车款项属于运输费，根据受益原则分别计入存货成本（公司采购货物发生的运输费）、销售费用（公司销售货物发生运输费）、应收账款或合同资产（为客户垫付的运输费）。

（3）印花税。甲公司与乙公司之间签订的有关集装箱的合同属于租赁合同，双方均应按合同所载租金总额（不含增值税）的1‰计算缴纳印花税；双方之间签订的卡车合同属于运输合同，双方均应按运费金额（不含增值税）的0.3‰计算缴纳印花税。

【例1-13】甲公司（客户）与乙公司（某商场物业所有者）签订了一份使用商铺A的5年期合同。商铺A是某商场的一部分，该商场包含许多商铺。合同授予了甲公司商铺A的使用权。乙公司可以要求甲公司搬至另一商铺，在这种情况下，乙公司应向甲公司提供与商铺A面积和位置类似的商铺，并支付搬迁费用。仅当有新的重要租户决定租用较大零售区域，并支付至少足够涵盖甲公司及零售区域内其他租户搬迁费用的租赁费时，乙公司才能因甲公司搬迁而获得经济利益。尽管这种情形有发生的可能性，但从合同开始日情况来看，企业认为属于不可能发生的情形。合同要求甲公司在商场的营业时间内使用商铺A经营其知名店铺品牌以销售商品。甲公司在使用期间就商铺A的使用做出决定。例如，甲公司决定该商铺所销售的商品组合、商品价格和存货量。合同要求甲公司向乙公司支付固定付款额，并按商铺A销售额的一定比例支付可变付款额。作为合同的一部分，乙公司提供清洁、安保及广告服务。

会计处理：

本例中，商铺A在合同中明确指定，乙公司有替换商铺的实际能力，但仅在特定情况下才能获益，根据合同开始日的情形分析，不太可能出现这种情况。因此，乙公司的替换权不具有实质性，商铺A属于已识别资产。甲公司在整个5年使用期内控制商铺A的使用，原因如下：

（1）甲公司有权获得在5年使用期内使用商铺A所产生的几乎全部经济利益。本例中，甲公司在整个使用期间拥有商铺A的独家使用权。尽管商铺A销售所产生的部分现金流量将从甲公司流向乙公司，但这仅代表甲公司为使用商铺A而支付给乙公司的对价，并不妨碍甲公司拥有获得使用商铺A所产生的几乎全部经济利益的权利。

(2) 合同关于商铺 A 销售的商品以及营业时间的限制限定了甲公司使用商铺 A 的权利的范围。在合同界定的使用权范围内，甲公司可以决定商铺 A 的使用目的和使用方式，例如，甲公司能够决定在商铺 A 销售的商品组合以及商品售价。甲公司在 5 年使用期内有权改变这些决定。因此，甲公司有权主导商铺 A 的使用。尽管清洁、安保和广告服务对于商铺 A 的有效使用必不可少，但乙公司在这些方面的决定并未赋予其主导商铺 A 使用目的和使用方式的权利。基于上述分析可以得出结论，该合同包含商铺 A 的租赁，甲公司拥有商铺 A 的 5 年的使用权。

税务处理：

本例认可会计处理。该合同包含商铺 A 的租赁以及清洁、安保和广告服务。这里的租赁属于不动产租赁，清洁、安保和广告服务属于现代服务。本例涉及的税收有：

(1) 增值税。若交易双方均属于一般纳税人，针对商铺 A 的租赁，乙公司应按不动产租赁税目进行增值税处理。若该租赁属于经营租赁，其销售额为向承租人甲公司收取的租金和价外费用。其中，如果该商铺是 2016 年 4 月 30 日前取得的，可以选择适用简易计税方法，按 5% 的征收率计算应纳税额（不在同一县（市、区）的，先预缴（增值税＝含税销售额÷(1＋5%)×5%）再申报纳税），也可以适用一般计税方法（不在同一县（市、区）的，先预缴（增值税＝含税销售额÷(1＋9%)×3%）再申报纳税）。若该租赁属于融资租赁（假设属于经批准从事融资租赁业务的纳税人），其销售额为向承租人甲公司收取的全部价款和价外费用扣除支付的融资利息后的余额。其中，一般纳税人2016年4月30日前签订的不动产融资租赁合同，或以2016年4月30日前取得的不动产提供的融资租赁服务，可以选择适用简易计税方法，按5%的征收率计算缴纳增值税（应纳增值税＝含税销售额÷(1+5%)×5%）（财税〔2016〕47号）。除上述情形外，出租人乙公司应向承租人甲公司开具税率为9%的增值税专用发票。针对清洁、安保和广告服务，乙公司应按现代服务（清洁属于其他生活服务，安保属于商务辅助服务，广告属于文化创意服务）进行增值税处理，向甲公司开具税率为6%的增值税专用发票。

（2）企业所得税。出租人乙公司向承租人甲公司收取的商铺A的租金按合同规定的付款日期确认收入。承租人甲公司在租赁开始日要划分租赁的类型。若为经营租赁，甲公司支付的商铺A的租赁费一般计入销售费用，按租赁期均匀扣除（《实施条例》第四十七条）；若为融资租赁，按租赁合同约定的付款总额（或租赁资产的公允价值）与签订合同发生的相关费用作为租入资产的计税基础，承租人甲公司支付的租赁费应当通过计提折旧费用的方式分期扣除（《实施条例》第四十七条）。出租人乙公司向承租人甲公司收取的清洁、安保和广告服务款项，应按权责发生制原则计入收入。甲公司支付的上述款项，一般计入销售费用（可以税前扣除）。其中，广告费的扣除限额为销售（营业）收入的15%，超过部分可以在以后纳税年度结转扣除。

（3）印花税。承租人甲公司与出租人乙公司之间签订的有关商铺A的合同属于租赁合同,如果属于经营租赁合同,应按合同所载租金总额(不含增值税)的1‰计算缴纳印花税;如果属于融资租赁合同,则按合同所载租金总额(不含增值税)的0.05‰计算缴纳印花税。双方之间签订的合同中有关清洁、安保和广告服务的部分,不属于印花税的征税范围,不用计算缴纳印花税。

(4)房产税。乙公司出租商铺A收取的租金,应按租金收入的12%计算缴纳房产税,房产税作为税金及附加可以在企业所得税税前全额扣除。

【例1-14】 甲公司(客户)与乙公司(制造商)签订了3年期合同,购买一定数量特定材质、版型和尺码的西装。乙公司仅有一家符合甲公司需求的工厂,且乙公司无法用另一家工厂生产的西装供货或从第三方公司购买西装供货。乙公司工厂的产能超过与甲公司签订的合同中的数量(即甲公司未就工厂的几乎全部产能签订合同)。乙公司全权决定该工厂的运营,包括工厂的产出水平以及将不用于满足该合同的产出用以履行哪些客户合同。

会计处理:

本例中,乙公司仅可通过使用一家工厂履行合同,工厂是隐性指定的,因此是已识别资产。但是,甲公司无权获得使用该工厂所产生的几乎全部经济利益,因为乙公司在使用期间可以使用该工厂履行其他客户合同。另外,甲公司在3年使用期内也无权主导工厂的使用目的和使用方式,因为乙公司有权决定工厂的产出水平以及将生产的产品用于履行哪些客户合同,所以乙公司有权主导工厂的使用。

甲公司的权利仅限于合同中规定的工厂的特定产出。甲公司对工厂的使用享有与从工厂购买西装的其他客户同样的权利。

单凭甲公司无权获得使用工厂所产生的几乎全部经济利益这一事实，或单凭甲公司无权主导工厂的使用这一事实，足以判断甲公司在使用期间不能控制工厂的使用权。因而，该交易不能适用租赁合同，应按基于合同的收入准则来进行处理。

税务处理：

本例认可会计处理，甲公司与乙公司之间签订的3年期合同属于购销合同。本例涉及的税收有：

（1）增值税。乙公司（一般纳税人）按合同约定交付特定材质、版型和尺码的西装时，按销售货物对应的13%税率向甲公司开具增值税专用发票。

（2）企业所得税。乙公司在满足"西装的风险和报酬转移给甲公司＋丧失西装的控制权＋收入金额可以可靠计量＋成本可以可靠核算"时确认收入（国税函〔2008〕875号）。甲公司取得西装所支付的价款和相关税费作为西装的计税基础。

（3）印花税。甲、乙公司之间签订的合同属于购销合同，双方均应按合同价款（不含增值税）的0.3‰计算缴纳印花税。

【例1-15】 甲公司（客户）与乙公司（信息技术公司）签订了使用一台指定服务器的3年期合同。乙公司根据甲公司的指示在甲公司交付和安装服务器，并在整个使用期间根据需要提供服务器的维修和保养服务。乙公司仅在服务器发生故障时替换服务器。甲公司决定在服务器中存储哪些数据以及如何将服务器与其运营整合，并在整个使用期间有权改变这些决定。

会计处理：

本例中，合同明确指定了服务器，乙公司仅在服务器发生故障时方可替换，合同存在已识别资产。甲公司在整个3年使用期内控制服务器的使用，原因如下：

（1）甲公司有权获得在3年使用期内使用服务器所产生的几乎全部经济利益。因此，甲公司在整个使用期间拥有服务器的独家使用权。

（2）甲公司有权决定使用该服务器支持其哪些运营方面以及存储哪些数据，甲公司可就服务器的使用目的和使用方式做出相关决定，且甲公司是使用期间唯一可对服务器的使用做出决定的一方，因此甲公司有权主导服务器的使用。

基于上述分析可以得出结论，该合同是包含服务器的租赁合同，甲公司拥有服务器3年的使用权。

税务处理：

本例中，税法认可将该合同按租赁合同处理。本例涉及的税收有：

（1）增值税。服务器属于有形动产，出租人乙公司提供有形动产租赁服务。若该租赁属于经营租赁，其销售额为向承租人甲公司收取的租金和价外费用；若该租赁属于融资租赁（假设属于经批准从事融资租赁业务的纳税人），其销售额为向承租人甲公司收取的全部价款和价外费用扣除支付的融资利息后的余额。在租赁双方均为一般纳税人的情况下,出租方乙公司需要向承租方甲公司开具税率为13%的增值税专用发票。

(2)企业所得税。承租人甲公司与出租人乙公司签订3年期服务器合同,出租人乙公司应该按照合同约定的甲公司应付租金的日期确认收入的实现。承租人甲公司在租赁开始日要划分租赁的类型:若为经营租赁,支付的服务器租赁费支出根据受益原则分别计入相关资产的成本(纳税期末未出售不能税前扣除)或费用(可以税前扣除),按租赁期均匀扣除(《实施条例》第四十七条);若为融资租赁,按租赁合同约定的付款总额(或租赁资产的公允价值)与签订合同发生的相关费用作为租入资产的计税基础,支付的租赁费应当通过计提折旧费用的方式分期扣除(《实施条例》第四十七条)。

(3)印花税。甲公司与乙公司之间签订的有关服务器的合同如果属于经营租赁合同,双方均应按合同所载租金总额(不含增值税)的1‰计算缴纳印花税;如果属于融资租赁合同,则按合同所载租金总额(不含增值税)的0.05‰计算缴纳印花税。

二、租赁的分拆与合并

(一)租赁的分拆

合同中同时包含多项单独租赁的,承租人和出租人应当将合同予以分拆,并分别各项单独租赁进行会计处理。合同中同时包含<u>租</u>

赁和非租赁部分的，承租人和出租人应当将租赁和非租赁部分进行分拆。分拆时，各租赁部分应当分别按照新租赁准则进行会计处理，非租赁部分应当按照其他适用的企业会计准则进行会计处理。租赁分拆规则见图 1-2。

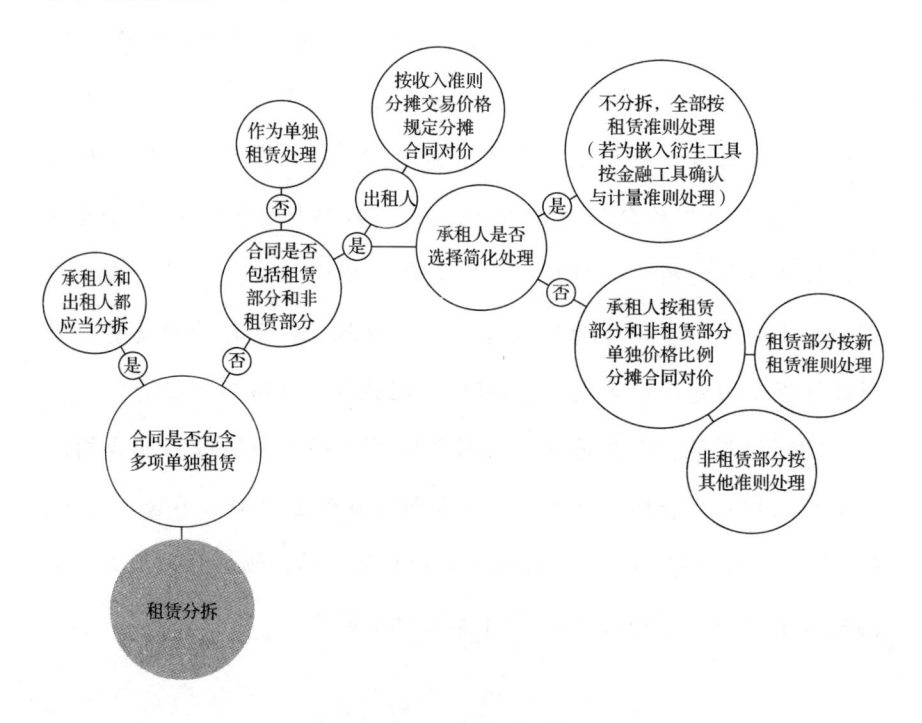

图 1-2 租赁分拆规则

📢 **特别提示 1**

需要分拆的情形：（1）合同中包含多项单独租赁；（2）合同中包含租赁和非租赁部分。

> **📢 特别提示 2**
>
> 为简化处理,承租人可以按照租赁资产的类别,选择是否分拆合同包含的租赁和非租赁部分。承租人选择不分拆的,应当将各租赁部分及与其相关的非租赁部分分别合并为租赁,按照新租赁准则进行会计处理。但是,对于按照《企业会计准则第22号——金融工具确认和计量》应分拆的嵌入衍生工具,承租人不应将其与租赁部分合并进行会计处理。

<u>同时符合</u>下列条件,使用已识别资产的权利构成合同中的一项单独租赁:

(1) 承租人可从<u>单独使用</u>该资产或将其与易于获得的其他资源<u>一起使用</u>中获利。

(2) 该资产与合同中的其他资产<u>不存在高度依赖</u>或<u>高度关联</u>关系。

> **📢 特别提示**
>
> 上述内容可简记为:承租人可从使用该资产中获利+该资产与其他资产不存在高度依赖、关联。

出租人可能要求承租人承担某些款项,却并未向承租人转移商品或服务。如出租人可能将管理费或与租赁相关的其他成本计入应付金额,而并未向承租人转移商品或服务。此类应付金额<u>不构成合</u>

同中单独的组成部分,而应视为总对价的一部分分摊至单独识别的合同组成部分。

> **特别提示**
> 上述内容可简记为:出租人要求承租人承担与转移商品无关的款项(如管理费等),应视为合同总对价组成部分,再分摊至单独识别的合同。

1. 承租人的处理

在分拆合同包含的租赁和非租赁部分时,承租人应当按照各项租赁部分的单独价格及非租赁部分的单独价格之和的相对比例分摊合同对价。租赁和非租赁部分的相对单独价格,应当根据出租人或类似资产供应方就该部分或类似部分向企业单独收取的价格确定。如果可观察的单独价格不易获得,承租人应当最大限度地利用可观察的信息估计单独价格。

> **特别提示**
> (1)按单独价格的比例分摊合同对价;
> (2)单独价格根据出租人或类似资产供应方单独收取的价格确定,若可观察的单独价格不易获得,则最大限度地利用可观察的信息估计确定。

【例1-16】 甲公司从乙公司租赁一台推土机、一辆卡车和一台长臂挖掘机用于采矿业务,租赁期为 4 年。乙公司同意在整个租赁期内维护各项设备。合同固定对价为 3 000 000 元,按年分期支付,每年支付 750 000 元。合同对价包含各项设备的维护费用。

会计处理:

甲公司未采用简化处理,而是将非租赁部分(维护服务)与租入的各项设备分别进行会计处理。甲公司认为租入的推土机、卡车和长臂挖掘机分别属于单独租赁,原因如下:

(1)甲公司可从单独使用这三项设备中的每一项,或将其与易于获得的其他资源一起使用中获利(例如,甲公司易于租入或购买其他卡车或挖掘机用于其采矿业务)。

(2)尽管甲公司租入这三项设备只有一个目的(即从事采矿业务),但这些设备不存在高度依赖或高度关联关系。因此,甲公司得出结论,合同中存在三个租赁部分和对应的三个非租赁部分(维护服务)。甲公司将合同对价分摊至三个租赁部分和非租赁部分。

市场上有多家供应方提供类似推土机和卡车的维护服务,因此这两项租入设备的维护服务存在可观察的单独价格。假设其他供应方的支付条款与甲、乙公司签订的合同条款相似,甲公司能够确定推土机和卡车维护服务的可观察单独价格分别为 160 000 元和 80 000 元。长臂挖掘机是高度专业化机械,其他供应方不出租类似挖掘机或为其提供维护服务。乙公司向从本公司购买相似长臂挖掘机的客户提供 4 年的维护服务,可观察对价为固定金额 280 000 元,分 4 年支付。因此,甲公司估计长臂挖掘机维护服务的单独价格为 280 000 元。甲公司观察到乙公司在市场上单独出租租赁期为 4 年的推土机、卡车和长臂挖掘机的价格分别为 900 000 元、580 000 元和 1 200 000 元。

甲公司将合同固定对价 3 000 000 元分摊至租赁和非租赁部分的情况如表 1-1 所示。

表 1-1　　　　　　　　　　　　　　　　金额单位：万元

项目		推土机	卡车	长臂挖掘机	合计
可观察的单独价格	租赁	90	58	120	268
	非租赁	16	8	28	52
	合计				320
	固定对价总额				300
	分摊率*				93.75%（300/320）

＊分拆后，推土机、卡车和长臂挖掘机的租赁付款额（折现前）分别为 84.375 万元（90×93.75%）、54.375 万元（58×93.75%）和 112.5 万元（120×93.75%）。推土机、卡车和长臂挖掘机的维护服务分别为 15 万元（16×93.75%）、7.5 万元（8×93.75%）、26.25 万元（28×93.75%）。

税务处理：

尽管税法没有关于合同分拆的相关规定，但是根据经济业务的实质，税法认可上述会计处理中将租赁合同分拆以及按单独价格分摊合同对价。本例中，涉及的主要税收有：

（1）增值税。租赁合同中出租人乙公司属于提供有形动产租赁服务，若该租赁属于经营租赁，其销售额为向承租人甲公司收取的租金和价外费用；若该租赁属于融资租赁（假设属于经批准从事融资租赁业务的纳税人），其销售额为向承租人甲公司收取的全部价款和价外费用扣除支付的融资利息后的余额。在租赁双方均为一般纳税人的情况下，出租人乙公司需要向承租人甲公司开具税率为13%的增值税专用发票。维护服务合同中乙公司若提供的是维修服务，则属于提供修理修配劳务，乙公司应按13%的税率开具增值税专用发票；若提供的是非维修服务，则应按6%的税率开具增值税专用发票。

(2) 企业所得税。租赁合同期限为4年，出租人乙公司应按合同约定的付款日期确认收入。承租人甲公司在租赁开始日要划分租赁的类型：若为经营租赁，支付的租赁费支出按租赁期均匀扣除（《实施条例》第四十七条）；若为融资租赁，按租赁合同约定的付款总额（或租赁资产的公允价值）与签订合同发生的相关费用作为租入资产的计税基础，支付的租赁费应当通过计提折旧费用的方式分期扣除（《实施条例》第四十七条）。维护服务合同，乙公司在纳税期末按完工进度（或直线法）确认收入，甲公司支付的维护费用按权责发生制原则在税前据实扣除。

(3) 印花税。双方签订的租赁合同如果属于经营租赁合同，应按合同所载租金总额（93.75%×268万元，不含税）的1‰计算缴纳印花税；如果属于融资租赁合同，则按合同所载租金总额（93.75%×268万元，不含税）的0.05‰计算缴纳印花税。维修服务合同不属于应税合同，不用计算缴纳印花税。

2. 出租人的处理

出租人应当分拆租赁部分和非租赁部分，根据<u>收入准则</u>关于交易价格分摊的规定分摊合同对价。

(二) 租赁的合并

企业与同一交易方或其关联方在<u>同一时间或相近时间</u>订立的两份或多份包含租赁的合同，在<u>满足下列条件之一时</u>，应当合并为一份合同进行会计处理：

（1）该两份或多份合同<u>基于总体商业目的而订立并构成一揽子交易</u>，若不作为整体考虑则无法理解其总体商业目的。

（2）该两份或多份合同中的<u>某份合同的对价金额取决于其他合同</u>的定价或履行情况。

（3）该两份或多份合同让渡的资产使用权<u>合起来构成一项单独租赁</u>。

> 📢 **特别提示1**
> 上述内容可以简记为：一揽子交易/某份合同的对价取决于其他合同/合起来构成一项单独租赁。

> 📢 **特别提示2**
> 两份或多份合同合并为一份合同进行会计处理的，仍然<u>需要区分该合同中的租赁部分和非租赁部分</u>。

税务处理：尽管税法中并无租赁合并的相关规定，但是从交易的实质来看，建议税法认可会计中有关租赁合同合并处理的规定，因为在企业所得税法中，也强调合理的商业目的以及实质重于形式原则。

三、租赁期

租赁期是指承租人有权使用租赁资产且不可撤销的期间。

> **特别提示**
>
> 租赁期确定的规则：
>
> （1）续租选择权——合理确定将行权：租赁期含续租选择权涵盖的期间。
>
> （2）终止租赁选择权——合理确定将不行权：租赁期含终止选择权涵盖的期间。

税务处理：税法上并没有关于租赁期的特别规定，一般遵从会计准则的规定。但是，企业所得税税前扣除需要坚持确定性原则，即纳税人可扣除的费用不论何时支付，其金额必须是确定的（国税发〔2000〕84号，尽管该文件已经失效，但在现实中仍然遵守该原则）。因此，当存在续租选择权时，不管会计处理在初始确认中是否将续租期纳入租赁期，税务处理的租赁期是确定的，若不能确定行权，则不能计入税法租赁期。即不能将存在行权可能性的续租期纳入其中。这就表明，当存在续租选择权时，对租赁期的确定，会计处理与税务处理存在差异。

（一）租赁期开始日

租赁期开始日，是指出租人提供租赁资产使其<u>可供承租人使用的起始日期</u>。如果承租人在租赁协议约定的<u>起租日或租金起付日之前</u>，已获得对租赁资产使用权的<u>控制</u>，则表明租赁期已经开始。租赁协议中对起租日或租金支付时间的约定，并不影响租赁期开始日的判断。

> 📢 **特别提示 1**
> 租赁期开始日界定的要点：出租人提供租赁资产可供承租人使用的日期/起租日前承租人控制租赁资产使用权的日期。

> 📢 **特别提示 2**
> 租赁期开始日实际上就是承租人有权使用租赁资产的日期，在这一天，承租人和出租人均要进行会计处理。

【例1-17】 在某商铺的租赁安排中，出租人于2×18年1月1日将房屋钥匙交付承租人，承租人在收到钥匙后，就可以自主安排对商铺的装修布置,并安排搬迁。合同约定有 3 个月的免租期,起租日为 2×18 年 4 月 1 日,承租人自起租日开始支付租金。

会计处理:

此交易中,由于承租人自 2×18 年 1 月 1 日起就已拥有对商铺使用权的控制,因此租赁期开始日为 2×18 年 1 月 1 日,即租赁期包含出租人给予承租人的免租期。

税务处理:

本例认可会计上有关租赁期的确定规则。本例涉及的主要税收有:

(1) 增值税。若交易双方均属于一般纳税人,针对商铺的租赁,出租人应按不动产租赁税目进行增值税处理。若该租赁属于经营租赁,其销售额为向承租人收取的租金和价外费用。其中,如果该商铺是 2016 年 4 月 30 日前取得的,可以选择适用简易计税方法,按 5% 的征收率计算应纳税额(不在同一县(市、区)的,先预缴(增值税=含税销售额÷(1+5%)×5%)再申报纳税),也可以适用一般计税方法(不在同一县(市、区)的,先预缴(增值税=含税销售额÷(1+9%)×3%)再申报纳税)。若该租赁属于融资租赁(假设属于经批准从事融资租赁业务的纳税人),其销售额为向承租人收取的全部价款和价外费用扣除支付的融资利息后的余额。其中,一般纳税人 2016 年 4 月 30 日前签订的不动产融资租赁合同或取得的不动产提供的融资租赁服务,可以选择适用简易计税方法,按 5% 的征收率计算缴纳增值税(应纳增值税=含税销售额÷(1+5%)×5%)(财税〔2016〕

47号)。出租人乙公司若采取一般计税方法，应向承租人甲公司开具税率为9%的增值税专用发票。出租人乙公司若采取简易计税方法，应向承租人甲公司开具5%征收率的增值税普通发票。

(2) 企业所得税。出租人乙公司向承租人甲公司收取商铺的租金按合同规定的付款日期确认收入。承租人甲公司在租赁开始日要划分租赁的类型。若为经营租赁，承租人支付的商铺租赁费一般计入销售费用，按租赁期均匀扣除(《实施条例》第四十七条)；若为融资租赁，按租赁合同约定的付款总额(或租赁资产的公允价值)与签订合同发生的相关费用作为租入资产的计税基础，承租人支付的租赁费应当通过计提折旧费用的方式分期扣除(《实施条例》第四十七条)。

(3) 印花税。承租人甲公司与出租人乙公司之间签订的有关商铺的合同属于租赁合同。如果属于经营租赁合同，应按合同所载租金总额(不含增值税)的1‰计算缴纳印花税；如果属于融资租赁合同，则按合同所载租金总额(不含增值税)的0.05‰计算缴纳印花税。

(4) 房产税。出租人出租商铺收取的租金，应按租金收入的12%计算缴纳房产税，房产税作为税金及附加可以在企业所得税税前全额扣除。

(二) 不可撤销期间

在确定租赁期和评估不可撤销租赁期间时，企业应根据租赁条款约定确定<u>可强制执行合同的期间</u>。

如果承租人和出租人双方均有权在未经另一方许可的情况下终

止租赁，且罚款金额<u>不重大</u>，则该租赁<u>不再可强制执行</u>。

如果<u>只有承租人有权终止租赁</u>，则在确定租赁期时，企业应将该项权利视为承租人可行使的终止租赁选择权予以考虑。如果<u>只有出租人有权终止租赁</u>，则不可撤销的租赁期包括终止租赁选择权所涵盖的期间。

> **特别提示**
>
> （1）租赁不再可强制执行：双方均有权终止租赁且罚款金额不重大。
>
> （2）只有承租人有权终止：确定租赁期应将其作为终止租赁选择权考虑。
>
> （3）只有出租人有权终止：不可撤销的租赁期含终止租赁选择权涵盖的期间。

税务处理：税法中有关租赁的规定并无不可撤销期间相关的内容，建议税法认可会计处理。

【例 1-18】 承租人与出租人签订了一份租赁合同，约定自租赁期开始日起 1 年内不可撤销，如果撤销，双方将支付重大罚金，1 年期满后，经双方同意可再延长 1 年，如有一方不同意，将不再续期，且没有罚款。假设承租人对于租赁资产并不具有重大依赖。

会计处理：

在此情况下，自租赁期开始日起的第 1 年有强制执行合同的权利和义务,是不可撤销期间。而此后 1 年的延长期并非不可撤销期间,因为承租人或出租人均可单方面选择不续约而无须支付任何罚款。因此,该租赁合同在初始确认时的租赁期应确定为 1 年。

税务处理:

税法认可会计上初始确认时将租赁期确定为 1 年。租赁期的确定会影响租金的分摊,从而影响企业所得税税前扣除金额。

(三) 续租选择权和终止租赁选择权

在租赁期开始日,企业应当评估承租人是否合理确定将<u>行使续租或购买标的资产的选择权</u>,或者将<u>不行使终止租赁选择权</u>。

> 📢 **特别提示**
> 租赁期开始日:评估承租人是否合理确定行权。

税务处理:税法坚持确定性原则,确定租赁期时,不认可续租选择权和终止租赁选择权。

在评估承租人是否合理确定行权时,需考虑的因素包括但不限于以下方面:

(1) 与市价相比,<u>选择权期间的合同条款和条件</u>。若没有实质性优惠,则行权的可能性小。

【例 1-19】 甲公司为承租人,乙公司为出租人,甲公司与乙公司签订了一份设备租赁合同,包括 4 年不可撤销期限和 2 年期固定价格续租选择权，续租选择权期间的合同条款和条件与市价接近，没有终止罚款或其他因素表明承租人合理确定将行使续租选择权。租赁期为几年？

会计处理：

在租赁期开始日，确定租赁期为 4 年。

税务处理：

税法坚持确定性原则，本例中确定的租赁期为 4 年。

(2) 在合同期内，承租人进行或预期进行<u>重大租赁资产改良</u>的，行使选择权预期能为承租人带来<u>重大经济利益</u>。

【例 1-20】 甲公司为承租人，乙公司为出租人，甲公司与乙公司签订了一份建筑租赁合同，包括 4 年不可撤销期限和 2 年按照市价行使的续租选择权。在搬入该建筑之前，甲公司花费了大量资金对租赁建筑进行了改良，预计在 4 年结束时租赁资产改良仍将具有重大价值，且该价值仅可通过继续使用租赁资产实现。在租赁开始时甲公司确定租赁期为几年？

会计处理：

甲公司确定租赁期为 6 年。理由如下：在此情况下，承租人合理确定将行使续租选择权，因为如果在 4 年结束时放弃该租赁资产改良，将蒙受重大经济损失。因此，在租赁开始时，甲公司确定租赁期为 6 年。

税务处理：

税法坚持确定性原则，本例中确定的租赁期为 4 年，与会计处理存在差异。

（3）与终止租赁相关的成本。终止租赁相关的成本越高，行使选择权的可能性越大。

（4）租赁资产对承租人运营的重要程度。租赁资产若具有特殊性、无合适的替换资产，行使选择权的可能性较大。

（5）与行使选择权相关的条件及满足相关条件的可能性。若行权的条件简单且容易满足，行使选择权的可能性较大。

上述考虑因素可用图1-3列示如下。

承租人是否行使租赁选择权考虑的因素：

Ⅰ.是否存在实质性优惠条款　　是　行权概率高　　否　行权概率低

Ⅱ.是否进行重大租赁资产改良　　是　行权概率高　　否　行权概率低

Ⅲ.终止租赁成本高低　　高　行权概率高　　低　行权概率低

Ⅳ.租赁资产对承租人的重要程度　　重要　行权概率高　　不重要　行权概率低

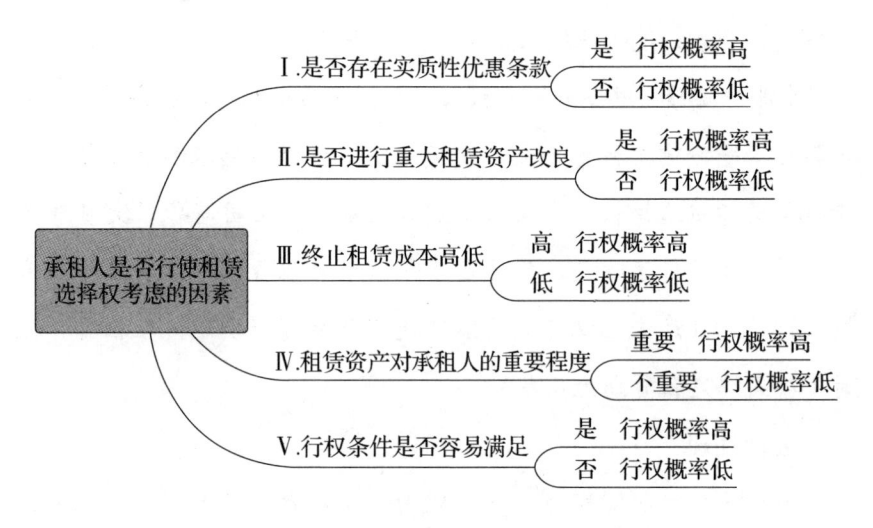

Ⅴ.行权条件是否容易满足　　是　行权概率高　　否　行权概率低

图1-3　承租人是否行使租赁选择权考虑的因素

（四）对租赁期和购买选择权的重新评估

1. 会计处理

发生承租人可控范围内的重大事件或变化，且影响承租人是否合理确定将行使相应选择权的,承租人应当对其是否合理确定将行使续租选择权、购买选择权或不行使终止租赁选择权进行重新评估,并根据重新评估结果修改租赁期。

承租人可控范围内的重大事件或变化包括但不限于下列情形:

(1) 在租赁期开始日未预计到的重大租赁资产改良,行权预期将为承租人带来重大经济利益;

(2) 在租赁期开始日未预计到的租赁资产的重大改动或定制化调整;

(3) 承租人做出的与是否行权直接相关的经营决策,例如,决定续租互补性资产、处置可替代的资产或处置包含相关使用权资产的业务。

如果不可撤销的租赁期间发生变化,企业应当修改租赁期。

上述内容可以用图 1-4 表示如下。

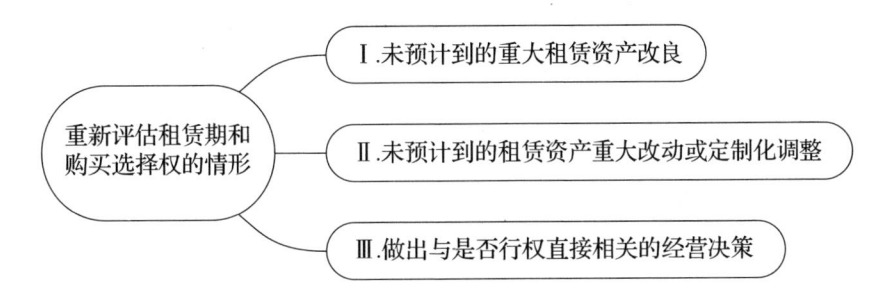

图 1-4　重新评估租赁期和购买选择权的情形

2. 税务处理

税法不认可选择权的重新评估。

四、租赁相关会计科目与主要账务处理

(一) 承租人使用的会计科目与账务处理

1. "使用权资产"

（1）本科目核算承租人持有的使用权资产的原价，可按租赁资产的类别和项目进行明细核算。

（2）主要账务处理。

1）在租赁期开始日，承租人应当按成本借记本科目，按尚未支付的租赁付款额的现值贷记"租赁负债"科目；对于租赁期开始日之前支付租赁付款额的（扣除已享受的租赁激励），贷记"预付款项"等科目；按发生的初始直接费用，贷记"银行存款"等科目；按预计将发生的为拆卸及移除租赁资产、复原租赁资产所在场地或将租赁资产恢复至租赁条款约定状态等成本的现值，贷记"预计负债"科目。

上述规则可用分录表述为：

借：使用权资产

贷：租赁负债（租赁付款额的现值）

预付账款（租赁期开始日之前支付的租赁付款额）

银行存款（初始直接费用）

预计负债（预计为拆卸、复原等支付款项的现值）

2）在租赁期开始日后，承租人按变动后的租赁付款额的现值重

新计量租赁负债的，当租赁负债增加时，应当按增加额借记本科目，贷记"租赁负债"科目；除下述 3）中的情形外，当租赁负债减少时，应当按减少额借记"租赁负债"科目，贷记本科目；若使用权资产的账面价值（BV）已调减至零，应当按仍需进一步调减的租赁负债金额，借记"租赁负债"科目，贷记"制造费用""销售费用""管理费用""研发支出"等科目。

上述规则可用分录表述为：

借：使用权资产（租赁付款额现值重新计量调增）

贷：租赁负债（重新计量租赁负债增加）

借：租赁负债（重新计量租赁负债减少）

贷：使用权资产（减少 BV）

制造费用/销售费用/管理费用/研发支出（使用权资产 BV 减至零后不够冲减的部分）

3）租赁变更导致租赁范围缩小或租赁期缩短的，承租人应当按缩小或缩短的相应比例，借记"租赁负债""使用权资产累计折旧""使用权资产减值准备"科目，贷记本科目，差额借记或贷记"资产处置损益"科目。

上述规则可用分录表述为：

借：租赁负债（按租赁范围或租赁期缩减比例）

使用权资产累计折旧

使用权资产减值准备

贷：使用权资产（原值）

资产处置损益（差额）

4）企业转租使用权资产形成融资租赁的，应当借记"应收融资租赁款""使用权资产累计折旧""使用权资产减值准备"科目，贷记本科目，差额借记或贷记"资产处置损益"科目。

上述规则可用分录表述为：

借：应收融资租赁款（转租使用权资产形成融资租赁后的收款额）

使用权资产累计折旧

使用权资产减值准备

贷：使用权资产（原值）

资产处置损益（差额）

(3) 本科目期末借方余额，反映承租人使用权资产的原价。

(4) 承租人应当在资产负债表中单独列示"使用权资产"项目。

2. "使用权资产累计折旧"

(1) 本科目核算使用权资产的累计折旧，可按租赁资产的类别和项目进行明细核算。

(2) 主要账务处理。

1) 承租人通常应当<u>自租赁期开始日起按月计提</u>使用权资产的折旧，借记"营业成本""制造费用""销售费用""管理费用""研发支出"等科目，贷记本科目。<u>当月计提确有困难的，也可从下月起计提折旧</u>，并在附注中予以披露。

上述规则可用分录表述为：

借：主营业务成本/其他业务成本/制造费用/销售费用/管理费用/研发支出等（按承租人租赁资产的用途来确定）

贷：使用权资产累计折旧

> 📢 **特别提示**
>
> 使用权资产折旧首选当月法，其次才是次月法。

2) 由于租赁范围缩小、租赁期缩短或转租等原因减记或终止确认使用权资产时，承租人应同时结转相应的使用权资产累计折旧。

（3）本科目期末贷方余额，反映使用权资产的累计折旧额。

3. "使用权资产减值准备"

（1）本科目核算使用权资产的减值准备，可按租赁资产的类别和项目进行明细核算。

（2）主要账务处理。

1) 使用权资产发生减值的，按应减记的金额，借记"资产减值损失"科目，贷记本科目。

上述规则可用分录表述为：

借：资产减值损失

贷：使用权资产减值准备

2) 由于租赁范围缩小、租赁期缩短或转租等原因减记或终止确认使用权资产时，承租人应同时结转相应的使用权资产累计减值准备。

> 📢 **特别提示1**
> 使用权资产属于长期资产，使用权资产减值准备一旦计提，不得转回。

> 📢 **特别提示2**
> 使用权资产减值测试的标准是：使用权资产的账面价值与可收回金额。

> 📢 **特别提示3**
> 资产减值不可转回包括以下情况：
> ①子公司、联营企业和合营企业的长期股权投资；
> ②对被投资单位不具有控制、共同控制或重大影响、在活跃市场上没有报价且公允价值不能可靠计量的权益性投资；
> ③成本模式进行后续计量的投资性房地产；
> ④固定资产；
> ⑤生产性生物资产；
> ⑥无形资产；
> ⑦承租人的使用权资产。

4. "租赁负债"

（1）本科目核算承租人尚未支付的租赁付款额的现值，可分别设置"租赁付款额""未确认融资费用"等进行明细核算。

(2) 主要账务处理。

1) 在租赁期开始日，承租人应当按尚未支付的租赁付款额，贷记"租赁负债——租赁付款额"科目；按尚未支付的租赁付款额的现值，借记"使用权资产"科目；按尚未支付的租赁付款额与其现值的差额，借记"租赁负债——未确认融资费用"科目。

上述规则可用分录表述为：

借：使用权资产（租赁付款额的现值）

　　租赁负债——未确认融资费用（差额）

贷：租赁负债——租赁付款额（合同价）

2) 承租人在确认租赁期内各个期间的利息时，应当借记"财务费用——利息费用""在建工程"等科目，贷记"租赁负债——未确认融资费用"科目。

上述规则可用分录表述为：

借：财务费用/在建工程（实际利息＝期初租赁负债的摊余成
　　　本×租赁内含利率）

贷：租赁负债——未确认融资费用

3) 承租人支付租赁付款额时，应当借记"租赁负债——租赁付款额"等科目，贷记"银行存款"等科目。

上述规则可用分录表述为：

借：租赁负债——租赁付款额

贷：银行存款（支付的租赁付款额）

> **📢 特别提示**
>
> 《企业所得税法实施条例》规定，以融资租赁方式租入固定资产发生的租赁费支出，按照规定构成融资租入固定资产价值的部分应当提取折旧费用，分期扣除。以经营租赁方式租入固定资产发生的租赁费支出，按照租赁期限均匀扣除。

4）在租赁期开始日后，承租人按变动后的租赁付款额的现值重新计量租赁负债的，当租赁负债增加时，应当按租赁付款额现值的增加额，借记"使用权资产"科目，按租赁付款额的增加额，贷记"租赁负债——租赁付款额"科目，按其差额，借记"租赁负债——未确认融资费用"科目；除下述5）中的情形外，当租赁负债减少时，应当按租赁付款额的减少额，借记"租赁负债——租赁付款额"科目，按租赁付款额现值的减少额，贷记"使用权资产"科目，按其差额，贷记"租赁负债——未确认融资费用"科目；若使用权资产的账面价值已调减至零，应当按仍需进一步调减的租赁付款额，借记"租赁负债——租赁付款额"科目，按仍需进一步调减的租赁付款额现值，贷记"营业成本""制造费用""销售费用""管理费用""研发支出"等科目，按其差额，贷记"租赁负债——未确认融资费用"科目。

上述规则可用分录表述为：

租赁付款额变动后的重新计量：

借：使用权资产（租赁付款额现值的增加额）

　　租赁负债——未确认融资费用（差额）

贷：租赁负债——租赁付款额（租赁付款额的增加额）

若 BV 调减至零仍需调减租赁付款额：

借：租赁负债——租赁付款额（调减的租赁付款额）

贷：主营业务成本/其他业务成本/制造费用/销售费用/管理费用/研发支出（调减的租赁付款额现值）

租赁负债——未确认融资费用（差额）

5) 租赁变更导致租赁范围缩小或租赁期缩短的，承租人应当按缩小或缩短的相应比例，借记"租赁负债——租赁付款额""使用权资产累计折旧""使用权资产减值准备"科目，贷记"租赁负债——未确认融资费用""使用权资产"科目，差额借记或贷记"资产处置损益"科目。

> **特别提示**
>
> 关键点：依据缩小或缩短的相应比例，按处置处理。

(二) 出租人使用的相关会计科目与账务处理

1. "融资租赁资产"

(1) 本科目核算租赁企业作为出租人为开展融资租赁业务取得资产的成本。租赁业务不多的企业，也可通过"固定资产"等科目核算。租赁企业和其他企业对于融资租赁资产在未融资租赁期间的会计处理遵循固定资产准则或其他适用的会计准则。本科目可按租赁资产类别和项目进行明细核算。

> **特别提示**
>
> 租赁业务多的企业：融资租赁资产。
>
> 租赁业务不多的企业：固定资产。

（2）主要账务处理。

1）出租人购入和以其他方式取得融资租赁资产的，借记本科目，贷记"银行存款"等科目。

上述规则可用分录表述为：

借：融资租赁资产（为开展融资租赁业务取得资产的成本）
  贷：银行存款

2）在租赁期开始日，出租人应当按尚未收到的租赁收款额，借记"应收融资租赁款——租赁收款额"科目，按预计租赁期结束时的未担保余值，借记"应收融资租赁款——未担保余值"科目，按已经收取的租赁款，借记"银行存款"等科目，按融资租赁方式租出资产的账面价值，贷记本科目，按融资租赁方式租出资产的公允价值（FV）与账面价值的差额，借记或贷记"资产处置损益"科目，按发生的初始直接费用，贷记"银行存款"等科目，按其差额，贷记"应收融资租赁款——未实现融资收益"科目。

上述规则可用分录表述为：

借：应收融资租赁款——租赁收款额（尚未收到的租赁收款额）

　　　　应收融资租赁款——未担保余值（预计租赁期满时的未担保余值）

　　　　银行存款（已经收取的租赁款）

　　　贷：融资租赁资产（BV）

　　　　　资产处置损益（FV－BV）

　　　　　银行存款（初始直接费用）

　　　　　应收融资租赁款——未实现融资收益（差额）

2. "应收融资租赁款"

（1）本科目核算出租人融资租赁产生的<u>租赁投资净额</u>。本科目可分别设置"租赁收款额""未实现融资收益"<u>"未担保余值"</u>等进行明细核算。租赁业务较多的，出租人还可以在"租赁收款额"明细科目下进一步设置明细科目核算。

（2）主要账务处理。

1）在租赁期开始日，出租人应当按尚未收到的租赁收款额，借记"应收融资租赁款——租赁收款额"科目，按预计租赁期结束时的未担保余值，借记"应收融资租赁款——未担保余值"科目，按已经收取的租赁款，借记"银行存款"等科目，按融资租赁方式租出资产的账面价值，贷记"融资租赁资产"等科目，按融资租赁方式租出资产的公允价值与其账面价值的差额，借记或贷记"资产处置损益"科目，按发生的初始直接费用，贷记"银行存款"等科目，按其差额，贷记"应收融资租赁款——未实现融资收益"科目。

　　企业认为有必要对发生的初始直接费用进行单独核算的，也可以按照发生的初始直接费用的金额，借记"应收融资租赁款——初始直接费用"科目，贷记"银行存款"等科目；然后借记"应收融资租赁款——未实现融资收益"科目，贷记"应收融资租赁款——初始直接费用"科目。

> **特别提示**
>
> 若初始直接费用单独核算：
>
> 　借：应收融资租赁款——初始直接费用
>
> 　　贷：银行存款
>
> 然后：
>
> 　借：应收融资租赁款——未实现融资收益
>
> 　　贷：应收融资租赁款——初始直接费用

2）出租人在确认租赁期内各个期间的利息收入时，应当借记"应收融资租赁款——未实现融资收益"科目，贷记"租赁收入——利息收入""其他业务收入"等科目。上述规则可用分录表述为：

借：应收融资租赁款——未实现融资收益
　　贷：租赁收入——利息收入（租赁企业）（实际利息＝期初租赁投资净额×租赁内含利率）
　　　　其他业务收入（非租赁企业）（实际利息＝租赁投资净额×租赁内含利率）

3）出租人收到租赁收款额时，应当借记"银行存款"科目，贷记"应收融资租赁款——租赁收款额"科目。

上述规则可用分录表述为：

借：银行存款（实际收到的租赁收款额）
贷：应收融资租赁款——租赁收款额

4）本科目的期末借方余额，反映未担保余值和尚未收到的租赁收款额的现值之和。

> 📢 **特别提示**
>
> 将分录合并一下就可以得出这个结论。

5）本科目余额在"长期应收款"项目中填列，其中，自资产负债表日起一年内（含一年）到期的，在"一年内到期的非流动资产"中填列。出租业务较多的出租人，也可在"长期应收款"项目下单独列示为"其中：应收融资租赁款"。

> 📢 **特别提示**
>
> 报表项目列示要点：
> ①长期应收款，其中一年内到期，放入"一年内到期的非流动资产"。
> ②若出租业务多，"长期应收款"项目下单列："其中：应收融资租赁款"。

3. "应收融资租赁款减值准备"

（1）本科目核算应收融资租赁款的减值准备。

(2) 主要账务处理。应收融资租赁款的预期信用损失，按应减记的金额，借记"信用减值损失"科目，贷记本科目。转回已计提的减值准备时，做相反的会计分录。

上述规则可用分录表述为：

借：信用减值损失
　　贷：应收融资租赁款减值准备

4. "租赁收入"

(1) 本科目核算租赁企业作为出租人确认的融资租赁和经营租赁的租赁收入。一般企业根据自身业务特点确定租赁收入的核算科目，例如"其他业务收入"等。本科目可按租赁资产类别和项目进行明细核算。

> **特别提示**
>
> 租赁企业——租赁收入；
> 一般企业——其他业务收入。

(2) 主要账务处理。

1) 出租人在经营租赁下，将租赁收款额采用直线法或其他系统、合理的方法在租赁期内进行分摊确认时，应当借记"银行存款""应收账款"等科目，贷记"租赁收入——经营租赁收入"科目。

上述规则可用分录表述为：

借：银行存款/应收账款（当期租赁收款额）

贷：租赁收入——经营租赁收入

出租人在融资租赁下，在确认租赁期内各个期间的利息收入时，应当借记"应收融资租赁款——未实现融资收益"科目，贷记"租赁收入——利息收入""其他业务收入"等科目。出租人为金融企业的，在融资租赁下，在确认租赁期内各个期间的利息收入时，应当借记"应收融资租赁款——未实现融资收益"科目，贷记"利息收入"等科目。

上述规则可用分录表述为：

借：应收融资租赁款——未实现融资收益

贷：租赁收入——利息收入（租赁企业）（实际利息＝期初租赁投资净额×租赁内含利率）

其他业务收入（其他非金融租赁企业）

利息收入（金融企业）

2）出租人确认未计入租赁收款额的可变租赁付款额时，应当借记"银行存款""应收账款"等科目，贷记"租赁收入——可变租赁付款额"科目。

上述规则可用分录表述为：

借：银行存款/应收账款

贷：租赁收入——可变租赁付款额

（3）期末，应将本科目余额转入"本年利润"科目，结转后本科目无余额。

对于日常经营活动为租赁的企业，其利息收入和租赁收入可以作为营业收入列报。

五、新租赁准则的适用范围

新租赁准则适用于所有租赁,但下列各项除外:

一是承租人通过许可使用协议取得的电影、录像、剧本、文稿等版权、专利等项目的权利,以及以出让、划拨或转让方式取得的土地使用权,适用无形资产准则;

二是出租人授予的知识产权许可,适用收入准则;

三是勘探或使用矿产、石油、天然气及类似不可再生资源的租赁,适用其他相关准则;

四是承租人承租生物资产,适用其他相关准则;

五是采用建设经营移交等方式参与公共基础设施建设、运营的特许经营权合同,适用其他相关准则和规定。

> **特别提示**
>
> 例外租赁适用其他准则可简记为:
>
> (1)承租人通过许可协议取得的版权、专利的权利+土地使用权——无形资产准则;
>
> (2)出租人授予知识产权许可——收入准则;
>
> (3)勘探或使用不可再生资源的租赁——石油天然气开采准则;

> （4）承租生物资产——生物资产准则；
>
> （5）建设经营移交方式参与公共基础设施建设、运营的特许经营权合同——固定资产准则。

税务处理：税法中并无租赁的特殊规定，在无特殊规定的情形下，建议借鉴会计准则规定。

第二章
租赁的涉税规定

本章思维导图

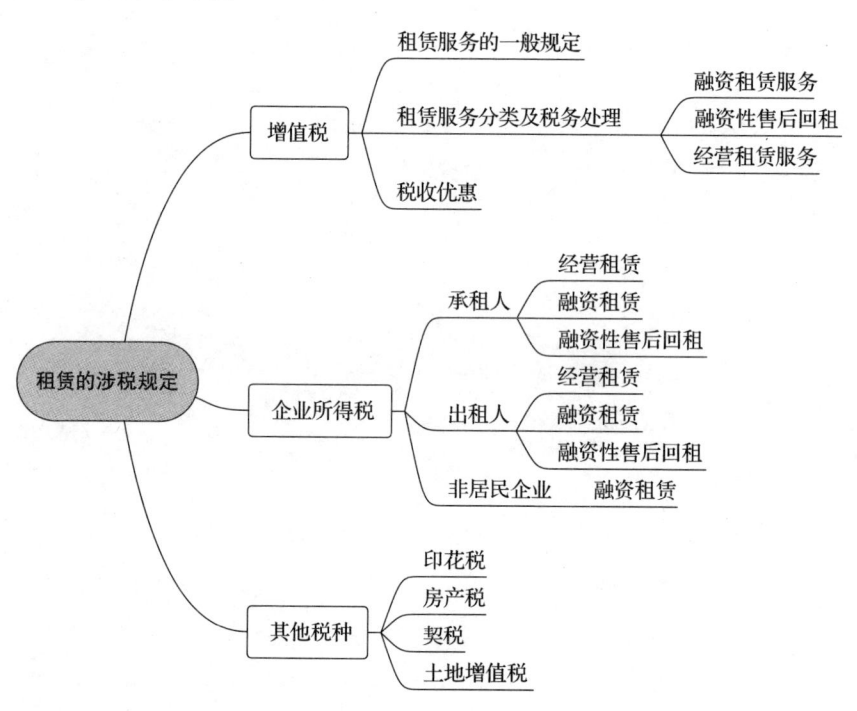

```
租赁的涉税规定
├── 增值税
│   ├── 租赁服务的一般规定
│   ├── 租赁服务分类及税务处理
│   │   ├── 融资租赁服务
│   │   ├── 融资性售后回租
│   │   └── 经营租赁服务
│   └── 税收优惠
├── 企业所得税
│   ├── 承租人
│   │   ├── 经营租赁
│   │   ├── 融资租赁
│   │   └── 融资性售后回租
│   ├── 出租人
│   │   ├── 经营租赁
│   │   ├── 融资租赁
│   │   └── 融资性售后回租
│   └── 非居民企业　融资租赁
└── 其他税种
    ├── 印花税
    ├── 房产税
    ├── 契税
    └── 土地增值税
```

一、增值税

(一) 租赁服务的一般规定

纳税人提供租赁服务采取预收款方式的,其纳税义务发生时间为收到预收款的当天(财税〔2017〕58号)。

一般纳税人提供不动产租赁服务,税率为9%;提供有形动产租赁服务,税率为13%。

特别提示

交通运输服务与经营租赁业务的区分(财税〔2016〕36号附件1:销售服务、无形资产、不动产注释)如表2-1所示。

表2-1 交通运输服务与经营租赁业务的区分

项目	业务类型	税务处理
水路运输	程租(为租船人完成任务并收租)、期租(运输企业配备操作人员+听候承租人调遣+按天收租+固定费用由船东负担)	水路运输服务
	光租(不配操作人员+不承担各项费用+收取固定租金)	经营租赁
航空运输	湿租(配备机组人员+听候承租人调遣+按一定标准收租+固定费用由承租人负担)	航空运输服务
	干租(不配机组人员+不承担各项费用+收取固定租金)	经营租赁

> **特别提示**
>
> 纳税人出租不动产，租赁合同中约定免租期的，不属于视同销售服务（国家税务总局公告2016年第86号）。
>
> 理由如下：承租人在租赁后，往往需要大量时间进行装饰装修，为此承租人往往要求出租人在租赁合同中约定一定的免租期优惠。租赁合同中约定免租期，是以满足一定租赁期限为前提的，并不是"无偿"赠送。

（二）租赁服务分类及税务处理

租赁服务包括融资租赁服务和经营租赁服务。

1. 融资租赁服务

（1）定义：是指具有融资性质和所有权转移特点的租赁活动。即出租人根据承租人所要求的规格、型号、性能等条件购入有形动产或者不动产租赁给承租人，合同期内租赁物所有权属于出租人，承租人只拥有使用权，合同期满付清租金后，承租人有权按照残值购入租赁物，以拥有其所有权。不论出租人是否将租赁物销售给承租人，均属于融资租赁。按照标的物的不同，融资租赁服务可分为有形动产融资租赁服务和不动产融资租赁服务。

（2）销售额：经人民银行、银保监会或者商务部批准从事融资租赁业务的试点纳税人（包括经上述部门备案从事融资租赁业务的试点纳税人，财税〔2016〕140号），提供融资租赁服务，以取得的全部价款和价外费用，扣除支付的借款利息（包括外汇借款和人民币借款利息)、发行债券利息和车辆购置税后的余额为销售额(财税〔2016〕36号附件2：营业税改征增值税试点有关事项的规定)。

> **特别提示1**
> 融资性售后回租不按照本税目缴纳增值税。①

> **特别提示2**
> 一般纳税人2016年4月30日前签订的不动产融资租赁合同，或以2016年4月30日前取得的不动产提供的融资租赁服务，可以选择适用简易计税方法，按照5%的征收率计算缴纳增值税(财税〔2016〕47号)。

(3) 出口退税(财税〔2014〕62号)，如表2-2所示。

表2-2 出口退税

项目	税务处理	注意事项
适用范围	对融资租赁企业、金融租赁公司及其设立的项目子公司(以下统称融资租赁出租方)，以融资租赁方式将货物(不包括在海关监管年限内的进口减免税货物)租赁给境外承租人且租赁期限在5年(含)以上，并向海关报关后实际离境的货物，试行增值税、消费税出口退税政策	融资租赁出口货物的范围，应符合"固定资产"的规定(即使用期限超过12个月的机器、机械、运输工具以及其他与生产经营有关的设备、工具、器具等)

---

① 企业会计准则中的"融资性售后租回"和税法中的"融资性售后回租"内涵相同。为了体现企业会计准则与税法的差异，本书不做统一。

续表

项目	税务处理	注意事项
退税的计算和办理	增值税应退税额＝购进融资租赁货物的增值税专用发票上注明的金额或海关（进口增值税）专用缴款书上注明的完税价格×融资租赁货物适用的增值税退税率	①退税率按统一的出口货物适用退税率执行 ②以增值税一般纳税人购进的按简易计税办法征税的融资租赁货物和从小规模纳税人购进的融资租赁货物，其适用的退税率按购进货物适用的征收率和退税率孰低的原则确定
	消费税应退税额＝购进融资租赁货物税收（出口货物专用）缴款书或海关进口消费税专用缴款书上注明的消费税税额	
补缴退税款	对承租期未满而发生退租的，出租方应及时主动向税务机关报告，并按照规定补缴已退税款	对出口货物再复进口时，出租方应按照规定向海关办理复运进境手续并提供主管税务机关出具的货物已补税或未退税证明，海关不征收进口关税和进口环节税

2. 融资性售后回租

（1）定义：是指承租方以融资为目的，将资产出售给从事融资性售后回租业务的企业后，从事融资性售后回租业务的企业将该资产出租给承租方的业务活动。

> **特别提示**
>
> 融资性售后回租业务中承租方出售资产的行为，不属于增值税征收范围，不征收增值税（国家税务总局公告2010年第13号）。

(2) 销售额：经人民银行、银保监会或者商务部批准从事融资租赁业务的试点纳税人，提供融资性售后回租服务，以取得的全部价款和价外费用（不含本金），扣除对外支付的借款利息（包括外汇借款和人民币借款利息）、发行债券利息后的余额作为销售额。

(3) 有形动产融资性售后回租（《国家税务总局纳税服务司关于下发营改增热点问题答复口径和营改增培训参考材料的函》），如表 2-3 所示。

表 2-3

合同类型	是否经批准	销售额及税率	注意事项
老合同（2016年4月30日前）	是（经人民银行、银保监会或者商务部批准）	可选方法1：全部价款和价外费用－向承租方收取的价款本金－支付的利息 按有形动产融资租赁征税，税率13% 可选方法2：全部价款和价外费用－支付的利息 按有形动产融资租赁征税，税率13%	①可以扣除的本金：有约定的，按约定当期应收的本金。无约定的，为当期实收的本金。向承租方收取本金，不得开具专用发票，可以开具普通发票 ②实际税负超过3%的部分实行增值税即征即退（不动产售后回租不适用）
新合同（2016年5月1日后）	是（经人民银行、银保监会或者商务部批准）	可差额征税 按贷款业务征税，税率6%	收取的全部价款、价外费用不含本金，同时允许扣除付出的利息

📢 **特别提示**

经商务部授权的省级商务主管部门和国家经济技术开发区批准的从事融资租赁业务的试点纳税人：

2016 年 5 月 1 日后实收资本达到 1.7 亿元的，从达到标准的当月起按照上述融资租赁和融资性售后回租规定（即(2)和(3)中的老合同规定）执行；

2016年5月1日后实收资本未达到1.7亿元但注册资本达到1.7亿元的，在2016年7月31日前仍可按照上述融资租赁和融资性售后回租规定执行，2016年8月1日后开展的融资租赁业务和融资性售后回租业务不得按照上述规定（即(2)和(3)中的老合同规定）执行。

3. 经营租赁服务

（1）定义：是指在约定时间内将有形动产或者不动产转让他人使用且租赁物所有权不变更的业务活动。

（2）分类：按照标的物的不同，经营租赁服务可分为有形动产经营租赁服务和不动产经营租赁服务。

特别提示

将不动产或者有形动产的广告位出租给其他单位或个人用于发布广告，按照经营租赁服务缴纳增值税。

车辆停放服务、道路通行服务（包括过路费、过桥费、过闸费等）等按照不动产经营租赁服务缴纳增值税。

（3）一般纳税人可选择简易计税方法的情形：

1）以试点前取得的有形动产为标的物提供的经营租赁服务；

2）试点前签订的未执行完毕的有形动产租赁合同。

(4) 提供不动产经营租赁服务的增值税征收管理（国家税务总局公告 2016 年第 16 号）。

1) 适用范围：适用于纳税人以经营租赁方式出租其取得的不动产（简称出租不动产）。取得的不动产包括以直接购买、接受捐赠、接受投资入股、自建以及抵债等各种形式取得的不动产。

> **特别提示**
>
> 车辆停放服务、道路通行服务（包括过路费、过桥费、过闸费等）等按照不动产经营租赁服务缴纳增值税，但不适用国家税务总局公告 2016 年第 16 号的规定。

2) 计税方法和应纳税额的计算。

① 一般纳税人出租不动产。

a. 一般纳税人出租其 2016 年 4 月 30 日前取得的不动产，可以选择适用简易计税方法，按照 5% 的征收率计算应纳税额，也可以适用一般计税方法。

b. 一般纳税人出租其 2016 年 5 月 1 日后取得的不动产，适用一般计税方法。

一般纳税人的计税方法归纳如表 2-4 所示。

表 2-4

计税方法	预缴税款	申报纳税
简易计税	增值税＝含税销售额÷(1＋5%)×5%	与税务局预缴相同
一般计税	增值税＝含税销售额÷(1＋9%)×3%	增值税＝含税销售额÷(1＋9%)×9%－进项税额－预缴税款

📣 **特别提示 1**

不动产所在地与机构所在地：不在同一县（市、区）的，先预缴（不动产所在地主管税务机关）再申报纳税（机构所在地主管税务机关），其中对于不在同一县（市、区）但在同一直辖市或计划单列市的，是否预缴由直辖市或计划单列市税务机关决定；在同一县（市、区）的，不用预缴，直接申报纳税（机构所在地主管税务机关）。

📣 **特别提示 2**

房地产开发企业出租自行开发的房地产项目，按不动产经营租赁进行税务处理（财税〔2016〕68号），如表2-5所示。

表2-5

身份	项目类型	税务处理	注意事项
一般纳税人	老项目（2016年4月30日前）	可选简易计税，征收率5%	老项目与其机构所在地不在同一县（市）的，先在不动产所在地预缴税款后，再向机构所在地主管税务机关进行纳税申报
	新项目（2016年5月1日后）	按3%预征率预缴预缴税款=含税销售额÷(1+9%)×3%	
小规模纳税人		按5%的征收率应纳税额=含税销售额÷(1+5%)×5%	

📢 特别提示 3

自 2021 年 10 月 1 日起，住房租赁企业向个人出租住房增值税处理（财政部 税务总局 住房城乡建设部公告 2021 年第 24 号），如表 2-6 所示。

表 2-6

身份	计税方法	税务处理
一般纳税人	简易计税	应纳税款＝租金÷(1+5%)×1.5%（若需预缴，预缴计算方法同应纳税款计算方法，预缴后再进行纳税申报）
	一般计税	应纳税款＝租金÷(1+9%)×9%－进项税额
小规模纳税人	简易计税	应纳税款＝租金÷(1+5%)×1.5%（若需预缴，预缴计算方法同应纳税款计算方法，预缴后再进行纳税申报）

📢 特别提示 4

转租不动产的增值税处理：总局明确按照纳税人出租不动产来处理。一般纳税人将 2016 年 4 月 30 日之前租入的不动产对外转租的，可选择简易办法征税；将 5 月 1 日之后租入的不动产对外转租的，不能选择简易办法征税（《国家税务总局纳税服务司关于下发营改增热点问题答复口径和营改增培训参考材料的函》）。

> **特别提示 5**
>
> 公路经营企业中的一般纳税人收取试点前开工的高速公路（即施工许可证明上注明的合同开工日期在 2016 年 4 月 30 日前）的车辆通行费，可以选择适用简易计税方法，减按 3% 的征收率计算应纳税额（财税〔2016〕36 号附件 2《营业税改征增值税试点有关事项的规定》）。

② 小规模纳税人出租不动产。

a. 单位和个体工商户出租不动产（不含个体工商户出租住房），按 5% 的征收率计算应纳税额。个体工商户出租住房，按 5% 的征收率减按 1.5% 计算应纳税额。

单位和个体工商户的简易计税方法归纳如表 2-7 所示。

表 2-7

项目	个体户出租住房	出租不动产（不含个体户出租住房）
应纳税额	租金÷(1+5%)×1.5%	租金÷(1+5%)×5%
预缴税额	租金÷(1+5%)×1.5%	租金÷(1+5%)×5%
预缴地点	不动产所在地主管税务机关	
申报纳税	机构所在地主管税务机关	

> **特别提示**
>
> 不动产所在地与机构所在地：不在同一县（市、区）的，先

预缴（不动产所在地主管税务机关）再申报纳税（机构所在地主管税务机关），其中对于不在同一县（市、区）但在同一直辖市或计划单列市的，是否预缴由直辖市或计划单列市税务机关决定；在同一县（市、区）的，不用预缴，直接申报纳税（机构所在地主管税务机关）。

b. 其他个人出租不动产（不含住房），按5%的征收率计算应纳税额，向不动产所在地主管税务机关申报纳税。

其他个人出租住房，按5%的征收率减按1.5%计算应纳税额，向不动产所在地主管税务机关申报纳税。

其他个人（自然人）的简易计税方法归纳如表2-8所示。

表2-8

项目	税务处理	预缴	申报纳税
出租住房	按5%减按1.5%	无须预缴	应纳税款＝租金÷(1+5%)×1.5% 申报地点：不动产所在地主管税务机关
出租不动产（不含住房）	5%	无须预缴	应纳税款＝租金÷(1+5%)×5% 申报地点：不动产所在地主管税务机关

📢 **特别提示1**

自2021年4月1日起，其他个人采取一次性收取租金形式出租不动产取得的租金收入，可在对应的租赁期内平均分摊，分摊后的月租金收入未超过 15 万元的，免征增值税（国家税务总局公告 2021 年第 5 号）。

📢 **特别提示 2**

纳税人以经营租赁方式将土地（2016 年 4 月 30 日前取得土地使用权）出租给他人使用，可以选择适用简易计税方法（财税〔2016〕47 号）：

$$应纳税款 = \left(全部价款 + 价外费用 - 土地原价\right) \div (1+5\%) \times 5\%$$

（三）税收优惠

（1）经部级批准（即人民银行、银保监会或者商务部批准）从事融资租赁业务（以下仅指有形动产融资租赁和融资性售后回租）的试点纳税人中的一般纳税人，对其增值税实际税负（即当期实际缴纳的增值税额占纳税人当期全部价款和价外费用的比例）超过 3% 的部分实行增值税即征即退政策（财税〔2016〕36 号附件 3《营业税改征增值税试点过渡政策的规定》。

经部级授权的省级和国家经济技术开发区批准的从事融资租赁业务和融资性售后回租业务的试点纳税人中的一般纳税人：

1）2016 年 5 月 1 日后实收资本达到 1.7 亿元的，从达到标准的

当月起按照上述规定执行;

2) 2016 年 5 月 1 日后实收资本未达到 1.7 亿元但注册资本达到 1.7 亿元的,在 2016 年 7 月 31 日前仍可按照上述规定执行,2016 年 8 月 1 日后开展的有形动产融资租赁业务和有形动产融资性售后回租业务不得按照上述规定执行。

(2) 销售标的物在境外使用的有形动产租赁服务免征增值税(国家税务总局公告 2016 年第 29 号)。

二、企业所得税

企业所得税相关处理如表 2-9 所示。

表 2-9

身份	租赁类型	税务处理	文件依据
承租人	经营租赁	租赁费按租赁期限均匀扣除。	《企业所得税法实施条例》第四十七条
		租入的固定资产不得计算折旧扣除。	《企业所得税法》第十一条
	融资租赁	计税基础:租赁合同约定的付款总额(若无则用租赁资产公允价值)+签合同发生的相关费用。	《企业所得税法实施条例》第五十八条
		支付的租赁费按规定构成融资租入固定资产价值的部分应当提取折旧费用,分期扣除。	《企业所得税法实施条例》第四十七条

续表

身份	租赁类型	税务处理	文件依据
承租人	融资性售后回租	出售资产不确认销售收入，对融资性租赁的资产仍按原计税基础计提折旧。租赁期间，支付的属于融资利息的部分，作为企业财务费用在税前扣除。	国家税务总局公告2010年第13号
出租人	经营租赁	租金收入，按照合同约定的承租人应付租金的日期确认收入的实现。如果交易合同或协议中规定租赁期限跨年度，且租金提前一次性支付的，出租人可在租赁期内分期均匀计入相关年度收入。	《企业所得税法实施条例》第十九条；国税函〔2010〕79号
出租人	融资租赁	租出的固定资产不得计算折旧扣除。	《企业所得税法》第十一条
出租人	融资租赁	收取的租金比照分期收款销售处理，按照合同约定的收款日期确认收入的实现。	《企业所得税法实施条例》第二十三条
出租人	融资租赁	根据配比原则，收取的租金分期确认收入，也应按与确认收入相同的方法分期扣除租出资产成本。	《企业所得税法》第八条
出租人	融资性售后回租	取得的收入属于利息收入，按照合同约定的债务人应付利息的日期确认收入的实现。	《企业所得税法实施条例》第十八条
非居民企业	融资租赁	境内未设立机构、场所的非居民企业，将资产租给境内企业，租赁期满后所有权归境内企业，按合同约定收取的租金，应以租赁费（包括租赁期满后转让给境内企业的价款）扣除设备、物件价款后的余额，作为贷款利息所得计算缴纳企业所得税，由境内企业在支付时代扣代缴。	国家税务总局公告2011年第24号

续表

身份	租赁类型	税务处理	文件依据
非居民企业	融资租赁	非居民企业出租位于境内的不动产，对未在中国境内设立机构、场所进行日常管理的，以其取得的租金收入全额计算缴纳企业所得税，由境内的承租人在每次支付或到期应支付时代扣代缴。如果非居民企业委派人员在境内或者委托境内其他单位或个人对上述不动产进行日常管理的，应视为其在中国境内设立机构、场所，非居民企业应在税法规定的期限内自行申报缴纳企业所得税。	国家税务总局公告2011年第24号

三、其他税种

其他税种相关处理如表2-10所示。

表2-10

税种	征税范围及税率	计税依据	注意事项	文件依据
印花税	融资租赁合同，租金的万分之零点五	为合同所列的金额，不包括列明的增值税税款	计税依据确定顺序：合同列明金额—实际结算金额—市场价格—政府定价。	《印花税法》
	租赁合同，租金的千分之一			
	融资性售后回租，不征		对承租人、出租人因出售资产及购回租赁资产所签订的合同，不征收印花税。	财税〔2015〕144号
房产税	融资租赁的房产	房产余值	由承租人自融资租赁合同约定（未约定）开始日（合同签订日）的次月起缴纳房产税。	财税〔2009〕128号

续表

税种	征税范围及税率	计税依据	注意事项	文件依据
契税	对金融租赁公司开展售后回租业务，承受承租人房屋、土地权属的，照章征税		对售后回租合同期满，承租人回购原房屋、土地权属的，免征契税。	财税〔2012〕82号
土地增值税	融资性售后回租，承租人出售房地产或开发产品	土地增值税的增值额（=出售收入－扣除项目）	（1）出售土地：扣除项目包括地价款、转让土地使用权有关税款。 （2）出售新房：①房地产开发企业出售开发产品，扣除项目包括地价款、开发成本、开发费用、转让环节有关税金、加计扣除；②非房地产开发企业，扣除项目包括地价款、开发成本、开发费用、转让环节有关税金。 （3）出售旧房：扣除项目包括房屋及建筑物评估价格、地价款、转让环节有关税金。 （注意：出售旧房不能取得评估价格，但能提供购房发票的，经当地税务部门确认，"评估价格和地价款"可按发票所载金额并从购买年度起至转让年度止每年加计5%计算。对纳税人购房时缴纳的契税，凡能提供契税完税凭证的，准予作为"与转让房地产有关的税金"予以扣除，但不作为加计5%的基数（财税〔2006〕21号）。"每年"按购房发票所载日期起至售房发票开具之日止，每满12个月计一年；超过一年，未满12个月但超过6个月的，可以视同为一年（国税函〔2010〕220号）。）	国务院令第138号、财法字〔1995〕6号

特别提示 1

自 2019 年 1 月 1 日至 2021 年 12 月 31 日，由省、自治区、直辖市人民政府根据本地区实际情况，以及宏观调控需要确定，对增值税小规模纳税人可以在50%的税额幅度内减征资源税、城市维护建设税、房产税、城镇土地使用税、印花税（不含证券交易印花税）、耕地占用税和教育费附加、地方教育附加（财税〔2019〕13 号）。

特别提示 2

自 2022 年 1 月 1 日至 2024 年 12 月 31 日，由省、自治区、直辖市人民政府根据本地区实际情况，以及宏观调控需要确定，对增值税小规模纳税人、小型微利企业和个体工商户可以在50%的税额幅度内减征资源税、城市维护建设税、房产税、城镇土地使用税、印花税（不含证券交易印花税）、耕地占用税和教育费附加、地方教育附加（财政部 税务总局公告 2022 年第 10 号）。

第三章
承租人的会计处理与税务处理

本章思维导图

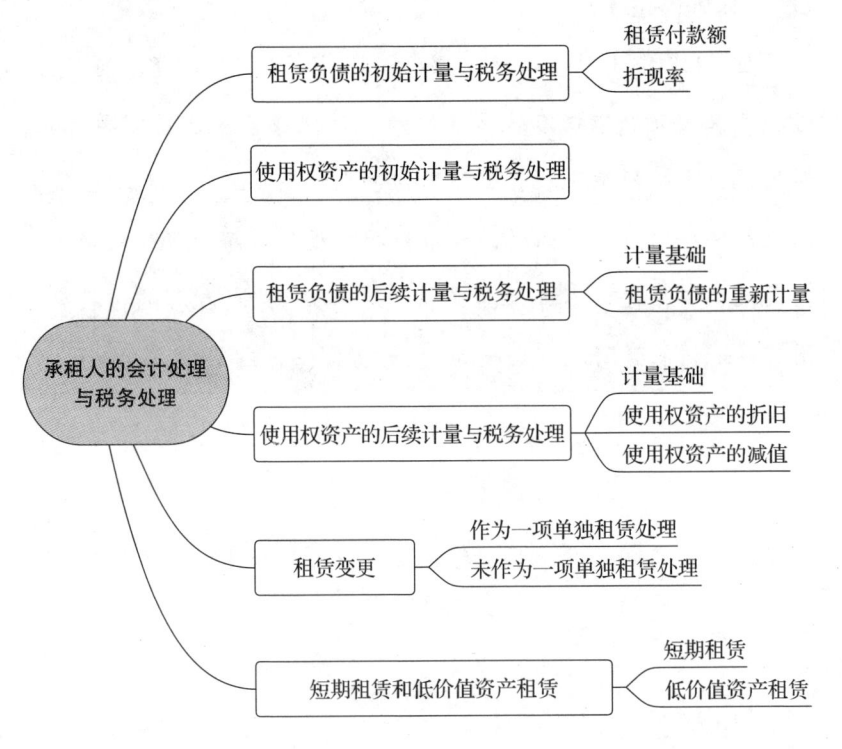

```
                  ┌── 租赁负债的初始计量与税务处理 ──┬── 租赁付款额
                  │                                   └── 折现率
                  │
                  ├── 使用权资产的初始计量与税务处理
                  │
                  │                                   ┌── 计量基础
                  ├── 租赁负债的后续计量与税务处理 ──┤
                  │                                   └── 租赁负债的重新计量
承租人的会计处理 ─┤
   与税务处理     │                                   ┌── 计量基础
                  ├── 使用权资产的后续计量与税务处理 ┼── 使用权资产的折旧
                  │                                   └── 使用权资产的减值
                  │
                  │                  ┌── 作为一项单独租赁处理
                  ├── 租赁变更 ──────┤
                  │                  └── 未作为一项单独租赁处理
                  │
                  │                              ┌── 短期租赁
                  └── 短期租赁和低价值资产租赁 ──┤
                                                 └── 低价值资产租赁
```

在租赁期开始日，承租人应当对租赁确认<u>使用权资产和租赁负债</u>，应用短期租赁和低价值资产租赁简化处理的除外。

一、租赁负债的初始计量与税务处理

租赁负债应当按照<u>租赁期开始日尚未支付的租赁付款额</u>的<u>现值</u>进行初始计量。识别应纳入<u>租赁负债的相关付款项目</u>是计量租赁负债的关键。

> **特别提示**
>
> 账务处理日期：租赁期开始日。
>
> 计量：租赁付款额的现值。

税务处理：税法上对租赁负债计税基础的确定以租赁合同价为基础，并采用历史成本计量，不认可会计上的现值计量。

（一）租赁付款额

租赁付款额是指承租人向出租人支付的与在租赁期内使用租赁资产的权利相关的款项。租赁付款额包括以下五项内容：

（1）固定付款额及实质固定付款额（即形式上可能包含变量但实质上无法避免的付款额），存在租赁激励的，<u>扣除租赁激励相关金额</u>。

租赁激励，是指出租人为达成租赁向承租人提供的优惠，包括出租人向承租人支付的与租赁有关的款项、出租人为承租人偿付或承担的成本等。存在租赁激励的，承租人在确定租赁付款额时，应扣除租赁激励相关金额。

下列属于实质固定付款额：

1) 付款额设定为可变租赁付款额，但该可变条款几乎不可能发生，没有真正的经济实质。

2) 承租人有多套付款额方案，但其中仅有一套是可行的。在此情况下，承租人应采用该可行的付款额方案作为租赁付款额。

3) 承租人有多套可行的付款额方案，但必须选择其中一套。在此情况下，承租人应采用总折现金额最低的一套作为租赁付款额。

税务处理：税法认可固定付款额及具有确定性特征的实质固定付款额，因为这符合实质重于形式原则和确定性原则。存在租赁激励条款的，在租赁激励实际发生时计入收入总额。

【例3-1】 甲公司是一家知名零售商，从乙公司租入已成熟开发的零售场所开设一家商店。根据租赁合同，甲公司在正常工作时间内必须经营该商店，且甲公司不得将商店闲置或进行分租。合同中关于租赁付款额的条款为：如果甲公司开设的这家商店没有发生销售，则甲公司应付的年租金为100元；如果这家商店发生了任何销售，则甲公司应付的年租金为1 000 000元。

会计处理：

本例中，该租赁包含每年 1 000 000 的实质固定付款额。该金额不是取决于销售额的可变付款额。因为甲公司是一家知名零售商，根据租赁合同，甲公司应在正常工作时间内经营该商店，所以甲公司开设的这家商店不可能不发生销售。

税务处理：

对甲公司来说，甲公司认可年租赁合同金额为 1 000 000 元，支付给乙公司的租金按权责发生制原则允许税前扣除。

本例涉及的税收有：

（1）增值税。若交易双方均属于一般纳税人，针对商店的租赁，出租人乙公司应按不动产租赁税目进行增值税处理。若该租赁属于经营租赁，其销售额为向承租人甲公司收取的租金和价外费用。其中，如果该不动产是 2016 年 4 月 30 日前取得的，可以选择适用简易计税方法，按 5% 的征收率计算应纳税额（不在同一县（市、区）的，先预缴（增值税＝含税销售额÷(1＋5%)×5%）再申报纳税），也可以适用一般计税方法（不在同一县（市、区）的，先预缴（增值税＝含税销售额÷(1＋9%)×3%）再申报纳税）。若该租赁属于融资租赁（假设属于经批准从事融资租赁业务的纳税人），其销售额为向承租人甲公司收取的全部价款和价外费用扣除支付的融资利息后的余额。其中，一般纳税人 2016 年 4 月 30 日前签订的不动产融资租赁合同或以 2016 年 4 月 30 日前取得的不动产提供的融资租赁服务，可以选择适用简易计税方法，按 5% 的征收率计算缴纳增值税

(应纳增值税＝含税销售额÷(1+5%)×5%)(财税〔2016〕47号)。出租人乙公司若采取一般计税方法，应向承租人甲公司开具税率为9%的增值税专用发票。出租人乙公司若采取简易计税方法，应向承租人甲公司开具征收率为5%的增值税普通发票。

(2) 企业所得税。出租人乙公司向承租人甲公司收取的商店租金按合同规定的付款日期确认收入。甲公司在租赁开始日要划分租赁的类型。若为经营租赁，甲公司支付的商店租赁费一般计入销售费用，按租赁期均匀扣除(《实施条例》第四十七条)；若为融资租赁，按租赁合同约定的付款总额(或租赁资产的公允价值)与签订合同发生的相关费用作为租入资产的计税基础，承租人甲公司支付的租赁费应当通过计提折旧费用的方式分期扣除(《实施条例》第四十七条)。

(3) 印花税。承租人甲公司与出租人乙公司之间签订的有关商店的合同属于租赁合同，如果属于经营租赁合同，应按合同所载租金总额(不含增值税)的1‰计算缴纳印花税；如果属于融资租赁合同，则按合同所载租金总额(不含增值税)的0.05‰计算缴纳印花税。

(4) 房产税。乙公司出租商店收取的租金，应按租金收入的12%计算缴纳房产税，房产税作为税金及附加可以在企业所得税税前全额扣除。

【例3-2】 承租人甲公司签订了一份为期5年的卡车租赁合同。合同中关于租赁付款额的条款为：如果该卡车在某月份的行驶里程不超过 1 万公里，则该月应付的租金为 10 000 元；如果该卡车在某月份的行驶里程超过 1 万公里但不超过 2 万公里，则该月应付的租金为 16 000 元；该卡车 1 个月内的行驶里程最高不能超过 2 万公里，否则承租人需支付巨额罚款。

会计处理：

本例中，租赁付款额中包含基于使用情况的可变性，且在某些月份确实可避免支付较高租金，然而，月付款额 10 000 元是不可避免的。因此，月付款额 10 000 元属于实质固定付款额，应被纳入租赁负债的初始计量中。

税务处理：

税法认可月租金额为 10 000 元。承租人甲公司需要判断该租赁是属于经营租赁还是属于融资租赁，判断的标准是企业会计准则。简言之，标准为：租赁期满所有权转移给承租人、租赁期满存在优惠购买权、租赁期占租赁资产使用寿命 75% 以上、最低租赁付款额的现值占租赁资产公允价值 90% 以上或租赁资产具有特殊性（为承租人量身定做，不做较大改进只有承租人可以使用）。只要满足上述其中一条标准，就属于融资租赁，反之就属于经营租赁。本例中，若承租人甲公司的租赁属于融资租赁，支付的租金需要通过固定资产折旧费分期扣除；若承租人甲公司的租赁属于经营租赁，支付的租金按照租赁期均匀扣除。

在属于融资租赁的前提下，出租人提供的服务属于有形动产租赁。出租人作为一般纳税人，应向承租人甲公司开具税率为 13% 的增值税专用发票。若出租人属于小规模纳税人，则适用3%的征收率。计税依据为：经人民银行、银保监会或者商务部批准从事融资租赁业务的试点纳税人，提供融资租赁服务，以取得的全部价款和价外费用，扣除支付的借款利息（包括外汇借款和人民币借款利息）、发行债券利息和车辆购置税后的余额为销售额（财税〔2016〕36号附件2）；非试点纳税人以全部价款和价外费用为销售额。

在属于经营租赁的前提下，承租人甲公司仅取得5年期卡车租赁，出租人提供的服务属于有形动产租赁。出租人作为一般纳税人应向甲公司开具税率为13%的增值税专用发票。

此外，出租人还涉及城市维护建设税（市区7%，县城及建制镇5%，其他地区1%）、教育费附加（3%）和地方教育附加（2%）以及印花税（若为经营租赁，按合同所载租金总额（不含增值税）的1‰计算缴纳印花税；若为融资租赁，按合同所载租金总额（不含增值税）的0.05‰计算缴纳印花税）。

【例3-3】 承租人甲公司租入一台预计使用寿命为5年的机器。不可撤销的租赁期为3年。在第3年年末，甲公司必须以20 000元购买该机器，或者必须将租赁期延长2年，如延长，则在续租期内每年末支付10 500元。

会计处理：

甲公司在租赁期开始时评估认为，不能合理确定在第3年年末将购买该机器，还是将租赁期延长2年。如果甲公司单独考虑购买选择权或续租选择权，那么在租赁期开始时，购买选择权的行权价格与续租期内的应付租金都不会纳入租赁负债中。然而，该安排在第 3 年年末包含一项实质固定付款额。这是因为甲公司必须行使上述两种选择权之一，且不论在哪种选择权下，甲公司都必须进行付款。因而在该安排中，实质固定付款额的金额是下述两项金额中的较低者：购买选择权的行权价格（20 000 元）的现值与续租期内付款额（每年末支付 10 500 元）的现值。

税务处理：

因为甲公司不能合理确定在第 3 年年末将购买该机器还是将租赁期延长 2 年，所以税法不认可该实质固定付款额。甲公司需要判断该租赁是属于经营租赁还是属于融资租赁。不可撤销的租赁期为 3 年，机器使用寿命为 5 年，3/5＝60％，小于 75％。在第 3 年年末，甲公司必须在购买机器或者延长租赁期两者之间做出选择。若选择购买机器，则所有权发生转移，属于融资租赁；若延长租赁期，则 (3＋2)/5＝100％，大于 75％。所以，该租赁实质上属于融资租赁。根据《实施条例》第四十七条规定，以融资租赁方式租入固定资产发生的租赁费支出，承租人甲公司应当通过计提折旧费用的方式分期扣除。

出租人提供的服务属于有形动产租赁。出租人作为一般纳税人，应向甲公司开具税率为 13％的增值税专用发票。出租人还涉及城市维护建设税（市区 7％，县城及建制镇 5％，其他地区 1％）、教育费附加（3％）和地方教育附加（2％）以及印花税（按租赁合同所载租金金额×1‰）。

在第 3 年年末，当甲公司做出选择后，再进行相关的税务处理：若甲公司购买机器设备，则双方按购销合同进行处理；若甲公司续租（一般为经营租赁），支付给出租人的租金按权责发生制原则允许税前扣除。

（2）取决于指数或比率的可变租赁付款额。可变租赁付款额，是指承租人为取得在租赁期内使用租赁资产的权利，向出租人支付的因租赁期开始日后的事实或情况发生变化（而非时间推移）而变动的款项。可变租赁付款额可能与下列各项指标或情况挂钩：

1）由于<u>市场比率或指数</u>数值变动导致的价格变动。如央行基准利率或消费者价格指数（CPI）变动可能导致租赁付款额调整。

> 📢 **特别提示**
> 纳入租赁负债的初始计量中。

2）承租人源自租赁资产的绩效。如零售业不动产租赁可能会要求基于使用该不动产取得的销售收入的一定比例确定租赁付款额。

> 📢 **特别提示**
> <u>不纳入租赁负债的初始计量中，发生时计入损益或产品成本。</u>

3）租赁资产的使用。如车辆租赁可能要求承租人在<u>超过特定里程数</u>时支付额外的租赁付款额。

> **特别提示**
> 不纳入租赁负债的初始计量中，发生时计入损益或产品成本。

> **特别提示**
> 仅取决于指数或比率的可变租赁付款额纳入租赁负债的初始计量。

税务处理：可变租赁付款额不满足确定性原则，初始确认时不能计入租金总额，应该在实际发生时再计入收入总额。

【例 3-4】 承租人甲公司签订了一项为期 10 年的不动产租赁合同，每年的租赁付款额为 50 000 元，于每年年初支付。合同规定，租赁付款额在租赁期开始日后每两年基于过去 24 个月消费者价格指数的上涨进行上调。租赁期开始日的消费者价格指数为 125。

会计处理：

甲公司在初始计量租赁负债时，应基于租赁期开始日的消费者价格指数确定租赁付款额，无须对后续年度因消费者价格指数而导致的租金变动做出估计。因此，在租赁期开始日，甲公司应以每年 50 000 元（该金额已经包含消费者价格指数的影响）的租赁付款额为基础计量租赁负债。若 24 个月后消费者价格指数为 150，则第 3 年的租赁付款额为 60 000 元（50 000×(150/125)）。

税务处理：

税法认可租赁期开始日以每年 50 000 元计量租金。本例涉及的税收有：

（1）增值税。若交易双方均属于一般纳税人，针对不动产租赁，出租人应按不动产租赁税目进行增值税处理。若该租赁属于经营租赁，其销售额为向承租人甲公司收取的租金和价外费用。其中，如果该不动产是 2016 年 4 月 30 日前取得的，可以选择适用简易计税方法，按 5% 的征收率计算应纳税额（不在同一县（市、区）的，先预缴（增值税＝含税销售额÷(1＋5%)×5%）再申报纳税），也可以适用一般计税方法（不在同一县（市、区）的，先预缴（增值税＝含税销售额÷(1＋9%)×3%）再申报纳税）。若该租赁属于融资租赁（假设属于经批准从事融资租赁业务的纳税人），其销售额为向承租人甲公司收取的全部价款和价外费用扣除支付的融资利息后的余额。其中，一般纳税人 2016 年 4 月 30 日前签订的不动产融资租赁合同或以 2016 年 4 月 30 日前取得的不动产提供的融资租赁服务，可以选择适用简易计税方法，按 5% 的征收率计算缴纳增值税（应纳增值税＝含税销售额÷(1＋5%)×5%）（财税〔2016〕47 号）。出租人若采取一般计税方法，应向承租人甲公司开具税率为 9% 的增值税专用发票。出租人若采取简易计税方法，应向承租人甲公司开具征收率为 5% 的增值税普通发票。

（2）企业所得税。出租人向承租人甲公司收取的不动产租金按合同规定的付款日期确认收入。承租人甲公司在租赁开始日要划分租赁的类型。若为经营租赁，甲公司支付的不动产租赁费计入成本或费用，按租赁期均匀扣除（《实施条例》第四十七条）；若为融资租赁，按租赁合同约定的付款总额（或租赁资产的公允价值）与签订合同发生的相关费用作为租入资产的计税基础，承租人甲公司支付的租赁费应当通过计提折旧费用的方式分期扣除（《实施条例》第四十七条）。

（3）印花税。承租人甲公司与出租人之间签订的有关不动产合同属于租赁合同，如果属于经营租赁合同，应按合同所载租金总额（不含增值税）的1‰计算缴纳印花税；如果属于融资租赁合同，则按合同所载租金总额（不含增值税）的0.05‰计算缴纳印花税。

（4）房产税。出租人出租不动产收取的租金，应按租金收入的12%计算缴纳房产税，房产税作为税金及附加可以在企业所得税税前全额扣除。

此外，出租人还涉及城市维护建设税（市区7%，县城及建制镇5%，其他地区1%）、教育费附加（3%）和地方教育附加（2%），计税依据为当期实际缴纳的增值税和消费税。

（3）购买选择权的行权价格，前提是承租人<u>合理确定将行使该选择权</u>。

在租赁期开始日，承租人应评估是否合理确定将行使购买标的资产的选择权。<u>如果承租人合理确定将行使选择权，则租赁付款额中应包含购买选择权的行权价格</u>。

税务处理：税法坚持确定性原则，若承租人合理确定行使购买选择权，则该行权价格计入租金总额，与会计处理保持一致。

【例3-5】 承租人甲公司与出租人乙公司签订了一份不可撤销的5年期设备租赁合同。合同规定，甲公司可以选择在租赁期结束时以5 000元购买这台设备。已知该设备应用于不断更新、迅速变化的科技领域，租赁期结束时其公允价值可能出现大幅波动，估计在4 000~9 000元之间，在5年租赁期内可能会有更好的替代产品出现。

会计处理：

在租赁期开始日，甲公司对于其是否将行使购买选择权的经济动机做出全面评估，最终认为不能合理确定将行使购买选择权。该评估包括：租赁期结束时该设备公允价值的重大波动性，以及在租赁期间内可能出现更好替代产品的可能性等。评估甲公司是否合理确定将行使购买选择权可能涉及重大判断。假设甲公司租赁设备时，约定更短的租赁期限（例如，1年或2年）或设备所处环境不同（例如，租赁设备并非应用于不断更新的科技领域，而是应用于相对稳定的行业，并且其未来的公允价值能够可靠预测和估计），则甲公司是否行使购买选择权的判断可能不同。

税务处理：

与会计处理的结果一致。税法上认可的租赁期是5年。对甲公司而言，租赁期开始日购买选择权的行权价格不能计入支付的租金总额。

本例涉及的税种有：

（1）增值税。设备属于有形动产，出租人乙公司属于提供有形动产租赁服务。若该租赁属于经营租赁，其销售额为向承租人甲公司收取的租金和价外费用；若该租赁属于融资租赁（假设属于经批准从事融资租赁业务的纳税人），其销售额为向承租人甲公司收取的全部价款和价外费用扣除支付的融资利息后的余额。在租赁双方均为一般纳税人的情况下，出租人乙公司需要向承租人甲公司开具税率为13%的增值税专用发票。

（2）企业所得税。承租人甲公司与出租人乙公司签订5年期合同，出租人乙公司应该按照合同约定的甲公司应付租金的日期确认收入的实现。甲公司在租赁开始日要划分租赁的类型。若为经营租赁，支付的租赁费支出按租赁期均匀扣除（《实施条例》第四十七条）；若为融资租赁，按租赁合同约定的付款总额（或租赁资产的公允价值）与签订合同发生的相关费用作为租入资产的计税基础，支付的租赁费应当通过计提折旧费用的方式分期扣除（《实施条例》第四十七条）。

（3）印花税。双方签订的租赁合同如果属于经营租赁合同，应按合同所载租金总额（不含增值税）的1‰计算缴纳印花税；如果属于融资租赁合同，则按合同所载租金总额（不含增值税）的0.05‰计算缴纳印花税。

租赁期满，若甲公司选择以5 000元购买这台设备，双方按购销合同处理，销售额为5 000元（不含税）（若价格不被认可，则按公允价值）。

（4）行使终止租赁选择权需支付的款项，前提是租赁期反映出承租人将行使终止租赁选择权。

在租赁期开始日,承租人应评估是否合理确定将行使终止租赁选择权。如果承租人合理确定将行使终止租赁选择权,则租赁付款额中应包含行使终止租赁选择权需支付的款项,并且租赁期不应包含终止租赁选择权涵盖的期间。

税务处理:税法坚持确定性原则,在租赁期开始日,若承租人合理确定将行使终止租赁选择权,则该行权支付的款项应计入租金总额,与会计处理保持一致。

【例3-6】 承租人甲公司租入某办公楼的一层楼,为期10年。甲公司有权选择在第5年后提前终止租赁,并以相当于6个月的租金作为罚金。每年的租赁付款额为固定金额120 000元。该办公楼是全新的,并且在周边商业园区的办公楼中处于技术领先水平。上述租赁付款额与市场租金水平相符。

会计处理:

在租赁期开始日,甲公司评估后认为,6个月的租金对于甲公司而言金额重大,同等条件下,也难以按更优惠的价格租入其他办公楼,可以合理确定不会选择提前终止租赁,因此其租赁负债不应包括提前终止租赁时需支付的罚金,租赁期确定为10年。

税务处理:

甲公司终止租赁选择权不影响税法处理,基于确定性原则,税法认可合同约定的租赁期是10年。对甲公司而言,租赁期开始日有权选择在第5年提前终止租赁并支付的6个月租金不能计入支付的租金总额。与会计处理结果一致。

本例涉及的税收有:

(1) 增值税。若交易双方均属于一般纳税人,针对办公楼的租赁,出租人应按不动产租赁税目进行增值税处理。若该租赁属于经营租赁,其销售额为向承租人甲公司收取的租金和价外费用。其中,如果该办公楼是 2016 年 4 月 30 日前取得的,可以选择适用简易计税方法,按 5% 的征收率计算应纳税额(不在同一县(市、区)的,先预缴(增值税=含税销售额÷(1+5%)×5%)再申报纳税),也可以适用一般计税方法(不在同一县(市、区)的,先预缴(增值税=含税销售额÷(1+9%)×3%)再申报纳税)。若该租赁属于融资租赁(假设属于经批准从事融资租赁业务的纳税人),其销售额为向承租人甲公司收取的全部价款和价外费用扣除支付的融资利息后的余额。其中,一般纳税人 2016 年 4 月 30 日前签订的不动产融资租赁合同或以 2016 年 4 月 30 日前取得的不动产提供的融资租赁服务,可以选择适用简易计税方法,按 5% 的征收率计算缴纳增值税(应纳增值税=含税销售额÷(1+5%)×5%)(财税〔2016〕47 号)。出租人若采取一般计税方法,应向承租人甲公司开具税率为 9% 的增值税专用发票。出租人若采取简易计税方法,应向承租人甲公司开具征收率为 5% 的增值税普通发票。

(2) 企业所得税。出租人向承租人甲公司收取的办公楼租金按合同规定的付款日期确认收入。承租人甲公司在租赁开始日要划分租赁的类型。若为经营租赁,甲公司支付的办公楼租赁费一般计入管理费用，按租赁期均匀扣除（《实施条例》第四十七条）；若为融资租赁，按租赁合同约定的付款总额（或租赁资产的公允价值）与签订合同发生的相关费用作为租入资产的计税基础，承租人甲公司支付的租赁费应当通过计提折旧费用（计入管理费用）的方式分期扣除（《实施条例》第四十七条）。

（3）印花税。承租人甲公司与出租人乙公司之间签订的有关办公楼的合同属于租赁合同，如果属于经营租赁合同，应按合同所载租金总额（不含增值税）的1‰计算缴纳印花税；如果属于融资租赁合同，则按合同所载租金总额（不含增值税）的0.05‰计算缴纳印花税。

（4）房产税。出租人出租办公楼收取的租金，应按租金收入的12%计算缴纳房产税，房产税作为税金及附加可以在企业所得税税前全额扣除。

此外，出租人还涉及城市维护建设税（市区7%，县城及建制镇5%，其他地区1%）、教育费附加（3%）和地方教育附加（2%），计税依据为当期实际缴纳的增值税和消费税。

（5）根据承租人提供的担保余值预计应支付的款项。担保余值，是指与出租人无关的一方向出租人提供担保，保证在租赁结束时租赁资产的价值至少为某指定的金额。如果承租人提供了对余值的担保，则租赁付款额应包含该担保下预计应支付的款项，它反映了承租人预计将支付的金额，而不是承租人担保余值下的最大敞口。

税务处理：税法坚持确定性原则，承租人提供的担保余值预计应支付的款项在没有实际发生前不能计入租赁付款额，应该在实际支付时再计入租赁付款额。因此，与会计处理存在差异。

> **特别提示**
>
> 租赁付款额包括的内容可以简记为：固定付款额（扣除租赁激励金额）＋可变租赁付款额（仅取决于指数或比率）＋合理确定行权的购买选择权价格＋合理确定行使终止租赁选择权支付的款项＋根据担保余值预计支付的款项。

【例 3-7】 承租人甲公司与出租人乙公司签订了汽车租赁合同，租赁期为 5 年。合同中就担保余值的规定为：如果标的汽车在租赁期结束时的公允价值低于 40 000 元，则甲公司需向乙公司支付 40 000 元与汽车公允价值之间的差额，因此，甲公司在该担保余值下的最大敞口为 40 000 元。

会计处理：

在租赁期开始日，甲公司预计标的汽车在租赁期结束时的公允价值为 40 000 元，即甲公司预计在担保余值下将支付的金额为零。因此，甲公司在计算租赁负债时，与担保余值相关的付款额为零。

税务处理：

税法上认可的租赁期是 5 年，支付的款项坚持实际发生原则[①]，不认可存在不确定性的预计支付金额。对甲公司而言，提供的担保

---

① 实际发生是指会计上已经计入费用，并不等同于实际支付。

余值预计应支付的款项为零,不需要计入租赁付款额。与会计处理的结果保持一致。

本例涉及的税收有:

(1) 增值税。汽车属于有形动产,出租人乙公司属于提供有形动产租赁服务。若该租赁属于经营租赁,其销售额为向承租人甲公司收取的租金和价外费用;若该租赁属于融资租赁(假设属于经批准从事融资租赁业务的纳税人),其销售额为向承租人甲公司收取的全部价款和价外费用扣除支付的融资利息、车辆购置税后的余额。在租赁双方均为一般纳税人的情况下,出租人乙公司需要向承租人甲公司开具税率为13%的增值税专用发票。

(2) 企业所得税。承租人甲公司与出租人乙公司签订5年期租赁合同,出租人乙公司应该按照合同约定的承租人甲公司应付租金的日期确认收入的实现。承租人甲公司在租赁开始日要划分租赁的类型。若为经营租赁,支付的租赁费支出按租赁期均匀扣除(《实施条例》第四十七条);若为融资租赁,按租赁合同约定的付款总额(或租赁资产的公允价值)与签订合同发生的相关费用作为租入资产的计税基础,支付的租赁费应当通过计提折旧费用的方式分期扣除(《实施条例》第四十七条)。

(3) 印花税。双方签订的租赁合同如果属于经营租赁合同,应按合同所载租金总额(不含增值税)的1‰计算缴纳印花税;如果属于融资租赁合同,则按合同所载租金总额(不含增值税)的0.05‰计算缴纳印花税。

此外，出租人乙公司还涉及城市维护建设税（市区 7%，县城及建制镇 5%，其他地区 1%）、教育费附加（3%）和地方教育附加（2%），计税依据为当期实际缴纳的增值税和消费税。

（二）折现率

租赁负债应当按照租赁期开始日尚未支付的租赁付款额的现值进行初始计量。在计算租赁付款额的现值时，承租人应当采用<u>租赁内含利率</u>作为折现率；无法确定租赁内含利率的，应当采用承租人<u>增量借款利率</u>作为折现率。

> 📢 **特别提示**
> 初始计量：租赁负债按尚未支付的付款额的现值。
> 折现率：首选租赁内含利率，其次是增量借款利率。

税务处理：税法不认可针对租赁付款额的现值计量，一般按合同约定的租赁付款额计量。

（1）租赁内含利率，是指使出租人的<u>租赁收款额的现值与未担保余值的现值之和等于租赁资产公允价值与出租人的初始直接费用之和</u>的利率。

其中，未担保余值，是指租赁资产余值中，出租人无法保证能够实现或仅由与出租人有关的一方予以担保的部分。

初始直接费用，是指为达成租赁所发生的<u>增量成本</u>（如佣金、印花税等）。

> **特别提示**
>
> 租赁内含利率是站在出租人角度：出租人的付出（租赁资产公允价值＋初始直接费用）＝出租人的获取（租赁收款额的现值＋未担保余值的现值）。

【例3-8】 承租人甲公司与出租人乙公司签订了一份车辆租赁合同，租赁期为5年。在租赁开始日，该车辆的公允价值为100 000元，乙公司预计在租赁结束时其公允价值（即未担保余值）将为10 000元。租赁付款额为每年23 000元，于年末支付。乙公司发生的初始直接费用为5 000元。

会计处理：

乙公司计算租赁内含利率 r 的方法如下：

$$23\,000 \times (P/A, r, 5) + 10\,000 \times (P/F, r, 5) = 100\,000 + 5\,000$$

本例中，计算得出的租赁内含利率 r 为5.79%[①]。

税务处理：

税法不认可现值计量。本例涉及的税收有：

（1）增值税。车辆属于有形动产，出租人乙公司属于提供有形动产租赁服务。若该租赁属于经营租赁，其销售额为向承租人甲公司收取的租金和价外费用；若该租赁属于融资租赁（假设属于经批

[①] 本书例题均来自《〈企业会计准则第21号——租赁〉应用指南》（以下简称《应用指南》）。书中例题的计算结果作了尾数调整，和《应用指南》保持一致。

准从事融资租赁业务的纳税人），其销售额为向承租人甲公司收取的全部价款和价外费用扣除支付的融资利息、车辆购置税后的余额。在租赁双方均为一般纳税人的情况下，出租方乙公司需要向承租人甲公司开具税率为 13% 的增值税专用发票。

（2）企业所得税。承租人甲公司与出租人乙公司签订 5 年期车辆租赁合同，出租人乙公司应该按照合同约定的承租人甲公司应付租金的日期确认收入的实现，每年确认收入 23 000 元。承租人甲公司在租赁开始日要划分租赁的类型。若为经营租赁，支付的租赁费支出 23 000 元按租赁期均匀扣除（《实施条例》第四十七条）；若为融资租赁，按租赁合同约定的付款总额 115 000 元（即 23 000×5）（或租赁资产的公允价值）与签订合同发生的相关费用作为租入资产的计税基础，支付的租赁费应当通过计提折旧费用的方式分期扣除（《实施条例》第四十七条）。

（3）印花税。双方签订的租赁合同如果属于经营租赁合同，应按合同所载租金总额（不含增值税）的 1‰ 计算缴纳印花税（115 000×1‰）；如果属于融资租赁合同，则按合同所载租金总额（不含增值税）的 0.05‰ 计算缴纳印花税（115 000×0.05‰）。

此外，出租人乙公司还涉及城市维护建设税（市区 7%，县城及建制镇 5%，其他地区 1%）、教育费附加（3%）和地方教育附加（2%），计税依据为当期实际缴纳的增值税和消费税。

（2）承租人增量借款利率，是指承租人在类似经济环境下为获得与使用权资产价值接近的资产，在类似期间以类似抵押条件借入资金需支付的利率。

> **特别提示1**
>
> 三类似：类似经济环境＋类似期限＋类似抵押条件。
>
> 在具体操作时，承租人可以先根据所处经济环境，以可观察的利率作为确定增量借款利率的参考基础（包括承租人同期银行贷款利率、相关租赁合同利率、承租人最近一期类似资产抵押贷款利率、与承租人信用状况相似的企业发行的同期债券利率等），然后根据承租人自身情况、标的资产情况、租赁期和租赁负债金额等租赁业务具体情况，对参考基础进行调整，得出适用的承租人增量借款利率。企业应当对确定承租人增量借款利率的依据和过程做好记录。

> **特别提示2**
>
> 参考基础：同期银行贷款利率/相关租赁合同利率/最近一期类似资产抵押贷款利率/类似企业同期债券利率。

【例3-9】 2×19年1月1日，承租人甲公司签订了一份为期10年的不动产租赁协议，并拥有5年的续租选择权。每年的租赁付款额固定为900 000元，于每年年末支付。

在租赁期开始日，甲公司评估后认为，不能合理确定将行使续租选择权，因此将租赁期确定为10年。甲公司无法确定租赁内含利率，需采用增量借款利率作为折现率来计算租赁付款额的现值。

甲公司现有的借款包括：

（1）一笔为期6个月的短期借款，金额为500 000元，借款起始日为2×18年10月1日，到期日为2×19年3月31日，利率为4%，每季末支付利息，到期时一次性偿还本金，无任何抵押；

（2）一笔为期15年的债券，金额为50 000 000元，发行日为2×17年1月1日，到期日为2×31年12月31日，票面利率为9%，每年末支付利息，到期时一次性偿还本金，无任何抵押。

会计处理：

为确定该租赁的增量借款利率，甲公司需要找到类似期限（即租赁期10年）、类似抵押条件（即以租赁资产作为抵押）、类似经济环境（例如，借入时点是租赁期开始日，偿付方式是每年等额偿付900 000元，10年后拥有与续租选择权类似的借款选择权）下，借入与使用权资产价值接近的资金（即9 000 000元）需支付的固定利率。由于无法直接获取满足上述全部条件的利率，甲公司以其现有的借款利率以及市场可参考信息（如相同期限的国债利率等）作为基础，估计该租赁的增量借款利率。

以可观察的借款利率作为参考基础确定增量借款利率时，通常需要考虑的调整事项包括但不限于：

● 本息偿付方式不同，如作为参考基础的借款是每年付息且到期一次性偿还本金，而不是每年等额偿付本息；

● 借款金额不同，如作为参考基础的借款金额远高于租赁负债；

● 借款期限不同，如作为参考基础的借款短于或长于租赁期；

- 抵押、担保情况不同,如作为参考基础的借款为无抵押借款;
- 资金借入时间的不同,如作为参考基础的债券是2年前发行的,而市场利率水平在2年内发生了较大变化;
- 提前偿付或其他选择权的影响;
- 借款币种不同,如作为参考基础的借款为人民币借款,但租赁付款额的币种为美元。

情形一:甲公司发行的债券有公开市场。

当甲公司发行的债券有公开市场时,通常需考虑该债券的市场价格及市场利率,因为其反映了甲公司的现有信用状况以及债权投资者所要求的现时回报率。甲公司结合其自身情况判断后认为,以自己发行的15年期债券利率作为估计增量借款利率的起点最为恰当。

甲公司在15年期债券利率的基础上,执行了如下步骤,以确定该租赁的增量借款利率:

第一步,确定15年期债券的市场利率。甲公司根据该债券的市场价格和剩余13年的还款情况(即每年末根据票面利率支付利息、到期一次性偿还本金),计算该债券的市场利率。该市场利率反映了甲公司的现有信用状况以及债权投资者所要求的现时回报率,甲公司无须因该债券的发行时间(即2年前)而进行额外调整。

第二步,调整借款金额的不同。15年期债券的金额为50 000 000元,租赁付款总额为9 000 000元。甲公司根据估计日市场情况考虑上述借款金额的不同是否影响借款利率并进行相应调整。

第三步，调整本息偿付方式的不同。该租赁是每年支付固定的租赁付款额，而15年期债券是每年末付息并到期一次性偿还本金。甲公司应考虑该事项对借款利率的影响并做相应调整。

第四步，调整借款期间的不同。该租赁的租赁期为10年，而15年期债券的剩余期间为13年。甲公司应考虑该事项对借款利率的影响并做相应调整。

第五步，调整抵押情况的不同。在确定增量借款利率时，租赁合同视为以租赁资产作为抵押而获得借款，而15年期债券无任何抵押。甲公司应考虑该事项对借款利率的影响并做相应调整。

情形二：甲公司发行的债券没有公开市场。

当甲公司发行的债券没有公开市场，但甲公司存在可观察的信用评级时，可考虑以与甲公司信用评级相同的企业所发行的公开交易的债券利率为基础，确定上述第一步的参考利率。

当甲公司发行的债券没有公开市场，且甲公司没有可观察的信用评级时，在市场利率水平和甲公司信用状况在债券发行日至增量借款利率估计日期间没有发生重大变化的情况下，可考虑以该15年期债券发行时的实际利率为基础，作为估计增量借款利率的起点。

确定参考利率后，将其调整为增量借款利率的步骤与情形一基本相同。

情形三：甲公司没有任何借款。

当甲公司没有任何借款时，可考虑通过银行询价的方式获取同期借款利率,并进行适当调整后确定其增量借款利率;或者可考虑聘用第三方评级机构获取其信用评级,参考情形一下的方法确定其增量借款利率。

税务处理:

税法不认可现值计量,不需要确定增量借款利率。本例中,甲公司的租赁期为10年,租赁付款额为900 000元/年。本例涉及的税收有:

(1)增值税。若交易双方均属于一般纳税人,针对不动产租赁,出租人应按不动产租赁税目进行增值税处理。若该租赁属于经营租赁,其销售额为向承租人甲公司收取的租金和价外费用。其中,如果该不动产是2016年4月30日前取得的,可以选择适用简易计税方法,按5%的征收率计算应纳税额(不在同一县(市、区)的,先预缴(增值税=含税销售额÷(1+5%)×5%)再申报纳税),也可以适用一般计税方法(不在同一县(市、区)的,先预缴(增值税=含税销售额÷(1+9%)×3%)再申报纳税)。若该租赁属于融资租赁(假设属于经批准从事融资租赁业务的纳税人),其销售额为向承租人甲公司收取的全部价款和价外费用扣除支付的融资利息后的余额。其中,一般纳税人2016年4月30日前签订的不动产融资租赁合同或以2016年4月30日前取得的不动产提供的融资租赁服务,可以选择适用简易计税方法,按5%的征收率计算缴纳增值税(应纳增值税=含税销售额÷(1+5%)×5%)(财税〔2016〕47号)。出租人若采取一般计税方法,应向承租人甲公司开具税率为9%的增值税专用发票。出租人若采取简易计税方法，应向承租人甲公司开具征收率为 5% 的增值税普通发票。

（2）企业所得税。出租人向甲公司收取的不动产租金按合同规定的付款日期确认收入。甲公司在租赁开始日要划分租赁的类型。若为经营租赁，甲公司支付的不动产租赁费按租赁期均匀扣除（《实施条例》第四十七条），每年扣除金额为 900 000 元；若为融资租赁，按租赁合同约定的付款总额（或租赁资产的公允价值）与签订合同发生的相关费用作为租入资产的计税基础，承租人甲公司支付的租赁费应当通过计提折旧费用的方式分期扣除（《实施条例》第四十七条）。

（3）印花税。承租人甲公司与出租人乙公司之间签订的有关不动产合同属于租赁合同，如果属于经营租赁合同，应按合同所载租金总额（不含增值税）的 1‰ 计算缴纳印花税；如果属于融资租赁合同，则按合同所载租金总额（不含增值税）的 0.05‰ 计算缴纳印花税。

（4）房产税。出租人出租不动产收取的租金，应按租金收入的 12% 计算缴纳房产税，房产税作为税金及附加可以在企业所得税税前全额扣除。

此外，出租人还涉及城市维护建设税（市区 7%，县城及建制镇 5%，其他地区 1%）、教育费附加（3%）和地方教育附加（2%），计税依据为当期实际缴纳的增值税和消费税。

二、使用权资产的初始计量与税务处理

使用权资产，是指承租人可在租赁期内使用租赁资产的权利。在租赁期开始日，承租人应当按照成本对使用权资产进行初始计量。该成本包括下列四项：

（1）租赁负债的初始计量金额。

（2）在租赁期开始日或之前支付的租赁付款额；存在租赁激励的，应扣除已享受的租赁激励相关金额。

（3）承租人发生的初始直接费用。

（4）承租人为拆卸及移除租赁资产、复原租赁资产所在场地或将租赁资产恢复至租赁条款约定状态预计将发生的成本。前述成本属于为生产存货而发生的，适用《企业会计准则第1号——存货》。

> **特别提示**
> 使用权资产的初始计量＝租赁负债初始计量金额＋开始日或之前支付的租赁付款额－租赁激励＋初始直接费用＋拆卸、复原、恢复预计发生的成本。

承租人有可能在租赁期开始日就承担了第（4）项成本的支付义务，也可能在特定期间内因使用标的资产而承担了相关义务。承租人应在其有义务承担上述成本时，将这些成本确认为使用权资产成本的一部分。

使用权资产的成本构成如图 3-1 所示。

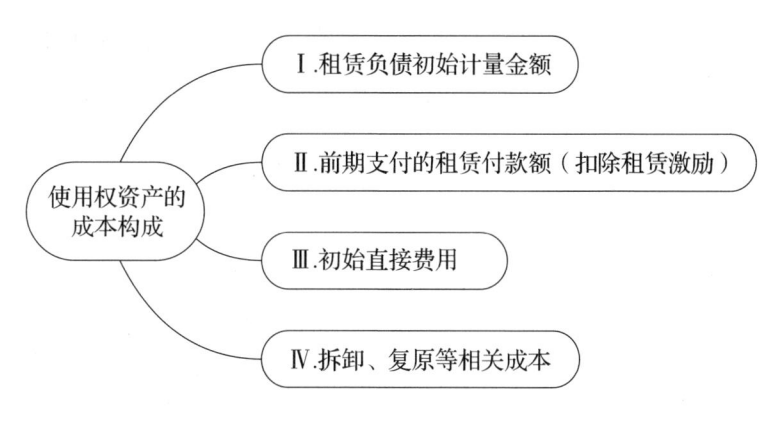

```
使用权资产的    ── Ⅰ.租赁负债初始计量金额
成本构成      ── Ⅱ.前期支付的租赁付款额（扣除租赁激励）
             ── Ⅲ.初始直接费用
             ── Ⅳ.拆卸、复原等相关成本
```

图 3-1 使用权资产的成本构成

在某些情况下，承租人可能在租赁期开始前就发生了与标的资产相关的经济业务或事项。承租人如发生与标的资产建造或设计相关的成本，应适用其他相关准则（如《企业会计准则第 4 号——固定资产》）进行会计处理。

税务处理：对承租人而言，税法仍坚持原租赁准则的理念，需要在租赁开始日将租赁划分为经营租赁和融资租赁。《实施条例》第四十七条规定，以经营租赁方式租入固定资产发生的租赁费支出，按照租赁期限均匀扣除；以融资租赁方式租入固定资产发生的租赁费支出，按照规定构成融资租入固定资产价值的部分应当提取折旧费用，分期扣除。《实施条例》第五十八条规定，融资租入的固定资产，以租赁合同约定的付款总额和承租人在签订租赁合同过程中发生的相关费用为计税基础，租赁合同未约定付款总额的,以该资产的公允价值和承租人在签订租赁合同过程中发生的相关费用为计税基础。上述规定表明,税法中是没有使用权资产概念的,融资租入固定资产计税基础的确定也与会计处理不同,两者存在差异。

【例3-10】 承租人甲公司就某栋建筑物的某层楼与出租人乙公司签订了为期10年的租赁协议,并拥有5年的续租选择权。有关资料如下:

(1) 初始租赁期内的不含税租金为每年50 000元,续租期间为每年55 000元,所有款项应于每年年初支付;

(2) 为获得该项租赁,甲公司发生的初始直接费用为20 000元,其中,15 000元为向该楼层前任租户支付的款项,5 000元为向促成此租赁交易的房地产中介支付的佣金;

(3) 作为对甲公司的激励,乙公司同意补偿甲公司5 000元的佣金;

(4) 在租赁期开始日,甲公司评估后认为,不能合理确定将行使续租选择权,因此,将租赁期确定为10年;

(5) 甲公司无法确定租赁利率,其增量借款利率为每年5%,该利率反映的是甲公司以类似抵押条件借入期限为10年、与使用权资产等值的相同币种的借款而必须支付的利率。

为简化处理,假设不考虑相关税费影响。

会计处理:

承租人甲公司的会计处理如下。

第一步,计算租赁期开始日租赁付款额的现值,并确认租赁负债和使用权资产。

在租赁期开始日,甲公司支付第 1 年的租金 50 000 元,并以剩余 9 年租金(每年 50 000 元)按 5% 的年利率折现后的现值计量租赁负债。计算租赁付款额现值的过程如下:

剩余 9 期租赁付款额 = 50 000×9 = 450 000(元)

租赁负债 = 剩余 9 期租赁付款额的现值

$$= 50\,000 \times (P/A, 5\%, 9) = 355\,391(元)$$

未确认融资费用 = 剩余 9 期租赁付款额 − 剩余 9 期租赁付款额的现值

$$= 450\,000 - 355\,391 = 94\,609(元)$$

借:使用权资产	405 391
租赁负债——未确认融资费用	94 609
贷:租赁负债——租赁付款额	450 000
银行存款(第 1 年的租赁付款额)	50 000

第二步,将初始直接费用计入使用权资产的初始成本。

借:使用权资产	20 000
贷:银行存款	20 000

第三步,将已收的租赁激励相关金额从使用权资产入账价值中扣除。

借:银行存款	5 000

贷：使用权资产　　　　　　　　　　　　　　　　5 000

综上，甲公司使用权资产的初始成本为：405 391＋20 000－5 000＝420 391（元）。

税务处理：

本例中，承租人甲公司的租赁期为10年。本例涉及的税收有：

（1）增值税。若交易双方均属于一般纳税人，针对建筑物的租赁，乙公司应按不动产租赁税目进行增值税处理。若该租赁属于经营租赁，其销售额为向承租人甲公司收取的租金和价外费用。其中，如果该建筑物是2016年4月30日前取得的，可以选择适用简易计税方法，按5%的征收率计算应纳税额（不在同一县（市、区）的，先预缴（增值税＝含税销售额÷(1＋5%)×5%）再申报纳税），也可以适用一般计税方法（不在同一县（市、区）的，先预缴（增值税＝含税销售额÷(1＋9%)×3%）再申报纳税）。若该租赁属于融资租赁（假设属于经批准从事融资租赁业务的纳税人），其销售额为向承租人甲公司收取的全部价款和价外费用扣除支付的融资利息后的余额。其中，一般纳税人2016年4月30日前签订的不动产融资租赁合同或以2016年4月30日前取得的不动产提供的融资租赁服务，可以选择适用简易计税方法，按5%的征收率计算缴纳增值税（应纳增值税＝含税销售额÷(1＋5%)×5%）（财税〔2016〕47号）。出租人乙公司若采取一般计税方法，应向承租人甲公司开具税率为9%的增值税专用发票。出租人乙公司若采取简易计税方法，应向承租人甲公司开具征收率为5%的增值税普通发票。

(2) 企业所得税。首先要判断该租赁是经营租赁还是融资租赁（判断的标准请参见本书中出租人租赁类型划分的具体标准）。若为融资租赁，其税务处理用会计的语言可以表述如下。

在租赁期开始日：

借：固定资产——融资租入固定资产（50 000×10+20 000）

               520 000

  贷：长期应付款——应付融资租赁款 520 000

收到租赁激励金额时：

借：银行存款   5 000

  贷：固定资产——融资租入固定资产   5 000

若租赁的建筑物用于办公，残值为0，则每年可以税前扣除折旧额：

借：管理费用（(520 000－5 000)/10）   51 500

  贷：累计折旧   51 500

值得注意的是，甲公司还需要缴纳印花税25元（500 000×0.05‰），该印花税属于签订合同过程中发生的相关费用，需要计入融资租入固定资产的计税基础。本例中，25元已经计入初始直接费用中，不需要再单独处理。

若为经营租赁，承租人应当将租金在租赁期内各个期间按照直线法计入相关资产成本或当期损益。其税务处理用会计的语言可以表述如下。

在租赁期开始日发生的初始直接费用：

借：管理费用 20 000
　　税金及附加（初始直接费用中的印花税） 500
　　贷：银行存款 20 500

收到租赁激励金额时：
借：银行存款 5 000
　　贷：管理费用 5 000

若租赁的建筑物用于办公，则每年支付的租金可以税前扣除：
借：管理费用 50 000
　　贷：银行存款 50 000

值得注意的是，甲公司需要缴纳印花税500元（500 000×1‰），该印花税属于签订合同过程中发生的相关费用，需要记入"税金及附加"科目，允许税前扣除。

（3）印花税。承租人甲公司与出租人乙公司之间签订的有关不动产合同属于租赁合同，如果属于经营租赁合同，应按合同所载租金总额（不含增值税）的1‰计算缴纳印花税（500 000×1‰）；如果属于融资租赁合同，则按合同所载租金总额（不含增值税）的0.05‰计算缴纳印花税（500 000×0.05‰）。

（4）房产税。乙公司出租不动产收取的租金，应按租金收入的12%计算缴纳房产税（50 000×12%），房产税作为税金及附加可以在企业所得税税前全额扣除。

此外，出租人还涉及城市维护建设税（市区7%，县城及建制镇5%，其他地区1%）、教育费附加（3%）和地方教育附加（2%），计税依据为当期实际缴纳的增值税和消费税。

三、租赁负债的后续计量与税务处理

(一) 计量基础

在租赁期开始日后,承租人应当按以下原则对租赁负债进行后续计量。

(1) 确认租赁负债的利息时:

借:财务费用/在建工程/研发支出——利息费用(期初租赁付款额的摊余成本×实际利率=(期初租赁付款额−期初未确认融资费用)×实际利率)

贷:租赁负债——未确认融资费用

承租人应当按照<u>固定的周期性利率</u>(指承租人<u>初始计量时所采用的折现率</u>,或者因<u>租赁付款额发生变动</u>或因<u>租赁变更</u>而需按照<u>修订后的折现率</u>对租赁负债进行重新计量时,承租人所采用的修订后的折现率)计算租赁负债在租赁期内各期间的利息费用,根据租赁资产的用途分别费用化(如财务费用等)或资本化(在建工程等)。

> 📢 **特别提示**
>
> 固定的周期性利率:初始计量时折现率/重新计量时修订后的折现率。

（2）支付租赁付款额时，减少租赁负债的账面金额，即

　　借：租赁负债——租赁付款额

　　　　贷：银行存款

（3）因重估或租赁变更等原因导致租赁付款额发生变动时，<u>重新计量租赁负债的账面价值</u>。

【例3-11】 承租人甲公司与出租人乙公司签订了为期7年的商铺租赁合同。每年的租赁付款额为450 000元，在每年年末支付。甲公司无法确定租赁内含利率，其增量借款利率为5.04%。

会计处理：

在租赁期开始日，甲公司按租赁付款额的现值确认的租赁负债为2 600 000元。在第1年年末，甲公司向乙公司支付第1年的租赁付款额450 000元，其中，131 040元（即2 600 000×5.04%）是当年的利息，318 960元（即450 000－131 040）是本金，即租赁负债的账面价值减少318 960元。甲公司的账务处理为：

　　借：租赁负债——租赁付款额　　　　　　　450 000
　　　　贷：银行存款　　　　　　　　　　　　　450 000
　　借：财务费用——利息费用　　　　　　　　131 040
　　　　贷：租赁负债——未确认融资费用　　　　131 040

税务处理：

本例涉及的税收有：

（1）增值税。若交易双方均属于一般纳税人，针对商铺的租赁，乙公司应按不动产租赁税目进行增值税处理。若该租赁属于经营租

赁，其销售额为向承租人甲公司收取的租金和价外费用（每年为450 000元）。其中，如果该商铺是2016年4月30日前取得的，可以选择适用简易计税方法，按5%的征收率计算应纳税额（不在同一县（市、区）的，先预缴（增值税＝含税销售额÷(1＋5%)×5%）再申报纳税），也可以适用一般计税方法（不在同一县（市、区）的，先预缴（增值税＝含税销售额÷(1＋9%)×3%）再申报纳税）。若该租赁属于融资租赁（假设属于经批准从事融资租赁业务的纳税人），其销售额为向承租人甲公司收取的全部价款和价外费用扣除支付的融资利息后的余额。其中，一般纳税人2016年4月30日前签订的不动产融资租赁合同或以2016年4月30日前取得的不动产提供的融资租赁服务，可以选择适用简易计税方法，按5%的征收率计算缴纳增值税（应纳增值税＝含税销售额÷(1＋5%)×5%）（财税〔2016〕47号）。出租人乙公司若采取一般计税方法，应向承租人甲公司开具税率为9%的增值税专用发票。出租人乙公司若采取简易计税方法，应向承租人甲公司开具征收率为5%的增值税普通发票。

(2) 企业所得税。若承租人甲公司为期7年的商铺租赁合同属于融资租赁，则该商铺的计税基础为3 150 000元（450 000×7），假定该商铺的残值为0，则每年可以税前扣除折旧额：

借：主营业务成本 ((450 000×7－0)/7)   450 000
    贷：累计折旧   450 000

年末支付租金时：

借：长期应付款　　　　　　　　　　　　　　　　450 000
　　贷：银行存款　　　　　　　　　　　　　　　　　450 000

若承租人甲公司为期7年的商铺租赁合同属于经营租赁，则年末支付租金时：

借：主营业务成本　　　　　　　　　　　　　　　　450 000
　　贷：银行存款　　　　　　　　　　　　　　　　　450 000

综上，企业所得税处理与会计处理之间存在差异。

（3）印花税。承租人甲公司与出租人乙公司之间签订的有关商铺的合同属于租赁合同，如果属于经营租赁合同，应按合同所载租金总额（不含增值税）的1‰计算缴纳印花税（450 000×7×1‰）；如果属于融资租赁合同，则按合同所载租金总额（不含增值税）的0.05‰计算缴纳印花税（450 000×7×0.05‰）。

（4）房产税。乙公司出租商铺收取的租金，应按租金收入的12%计算缴纳房产税，房产税作为税金及附加可以在企业所得税税前全额扣除。

此外，出租人还涉及城市维护建设税（市区7%，县城及建制镇5%，其他地区1%）、教育费附加（3%）和地方教育附加（2%），计税依据为当期实际缴纳的增值税和消费税。

<u>未纳入租赁负债计量的可变租赁付款额</u>（并非取决于指数或比率的部分），除按存货等其他准则规定应当计入相关资产成本外，<u>应当在实际发生时计入当期损益</u>。

> **特别提示**
> 非指数或比率的可变租赁付款额：发生时一般计入当期损益。

【例 3-12】 沿用例 3-11，除固定付款额外，合同还规定租赁期间甲公司商铺当年销售额超过 1 000 000 元的，当年应再支付按销售额的 2% 计算的租金，于当年年末支付。

会计处理：

由于该可变租赁付款额与未来的销售额挂钩，而并非取决于指数或比率，因此不应被纳入租赁负债的初始计量中。假设在租赁的第 3 年，该商铺的销售额为 1 500 000 元。甲公司第 3 年年末应支付的可变租赁付款额为 30 000 元（即 1 500 000×2%），在实际发生时计入当期损益。甲公司的账务处理为：

借：主营业务成本（或销售费用）　　　　　　30 000
　　贷：银行存款　　　　　　　　　　　　　　　　30 000

税务处理：

用会计的语言表示如下。

承租人甲公司实际支付可变租赁付款额时：

借：主营业务成本（或销售费用）　　　　　　30 000
　　贷：银行存款　　　　　　　　　　　　　　　　30 000

即甲公司税务处理与会计处理结果一致。

出租人乙公司收到可变租金时：

借：银行存款　　　　　　　　　　　　　　　　30 000

贷：租赁收入①   30 000

出租人乙公司还应向承租人甲公司开具税率为9%的增值税专用发票，同时可变租金应按12%计算缴纳房产税。

（二）租赁负债的重新计量

在租赁期开始日后，当发生下列四种情形时，承租人应当按照变动后的租赁付款额的现值<u>重新计量</u>租赁负债，并相应调整使用权资产的账面价值。使用权资产的账面价值已调减至零，但租赁负债仍需进一步调减的，承租人应当将<u>剩余金额计入当期损益</u>。

> **📢 特别提示**
> 使用权资产 BV＝0 时，租赁负债的调减金额计入当期损益。

税务处理：税法不认可租赁负债的重新计量，当租赁负债实际发生变动时，相应调增或调减租赁负债的金额。

（1）<u>实质固定付款额发生变动</u>。如果租赁付款额最初是可变的，但在租赁期开始日后的某一时点转为固定，那么，在潜在可变性消除时，该付款额成为实质固定付款额，应纳入租赁负债的计量中。承租人应当按照<u>变动后租赁付款额的现值</u>重新计量租赁负债。在该情形下，承租人采用的<u>折现率不变</u>，即采用<u>租赁期开始日</u>确定的折

---

① 若乙公司专门从事融资租赁业务，则记入"租赁收入"；若乙公司租赁业务不多，可记入"其他业务收入"。

现率。

【例3-13】 承租人甲公司签订了一份为期10年的机器租赁合同。租金于每年年末支付,并按以下方式确定:第1年,租金是可变的,根据该机器在第1年下半年的实际产能确定;第2~10年,每年的租金根据该机器在第1年下半年的实际产能确定,即租金将在第1年年末转变为固定付款额。在租赁期开始日,甲公司无法确定租赁内含利率,其增量借款利率为5%。假设在第1年年末,根据该机器在第1年下半年的实际产能所确定的租赁付款额为每年20 000元。

会计处理:

本例中,在租赁期开始时,由于未来的租金尚不确定,因此甲公司的租赁负债为零。在第1年年末,租金的潜在可变性消除,成为实质固定付款额(即每年20 000元),因此甲公司应基于变动后的租赁付款额重新计量租赁负债,并采用不变的折现率(即5%)进行折现。在支付第1年的租金之后,甲公司后续年度需支付的租赁付款额为180 000元(即20 000×9),租赁付款额在第1年年末的现值为142 156元(即20 000×(P/A,5%,9)),未确认融资费用为37 844元(即180 000−142 156)。甲公司在第1年年末的相关账务处理如下。

支付第1年租金:

借:制造费用等   20 000

    贷:银行存款   20 000

确认使用权资产和租赁负债：

借：使用权资产　　　　　　　　　　　　　　　　142 156

　　租赁负债——未确认融资费用　　　　　　　　 37 844

　　贷：租赁负债——租赁付款额　　　　　　　　　180 000

税务处理：

本例涉及的税收有：

（1）增值税。机器属于有形动产，出租人乙公司属于提供有形动产租赁服务。若该租赁属于经营租赁，其销售额为向承租人甲公司收取的租金和价外费用；若该租赁属于融资租赁（假设属于经批准从事融资租赁业务的纳税人），其销售额为向承租人甲公司收取的全部价款和价外费用扣除支付的融资利息后的余额。在租赁双方均为一般纳税人的情况下，出租人乙公司需要向承租人甲公司开具税率为13%的增值税专用发票。

（2）企业所得税。承租人甲在租赁开始日需要判断该租赁的类型。

1）若为融资租赁，其税务处理用会计的语言可以表述如下。

支付第一年租金时：

　　借：制造费用等　　　　　　　　　　　　　　　 20 000

　　　　贷：银行存款　　　　　　　　　　　　　　　20 000

确认融资租入固定资产的计税基础和租赁负债的计税基础：

　　借：固定资产——融资租入固定资产（20 000×9）180 000

　　　　贷：长期应付款——应付融资租赁款　　　　 180 000

若租赁的机器设备用于产品生产,设备的残值为0,则:

借:制造费用等((180 000－0)/9)　　　　　　　20 000

　　贷:累计折旧　　　　　　　　　　　　　　　　20 000

2)若为经营租赁,承租人应当将租金在租赁期内各个期间按照直线法计入相关资产成本或当期损益。其税务处理用会计的语言可以表述如下。

支付第1年租金时:

借:制造费用等　　　　　　　　　　　　　　　　20 000

　　贷:银行存款　　　　　　　　　　　　　　　　20 000

支付第2年租金时:

借:制造费用等　　　　　　　　　　　　　　　　20 000

　　贷:银行存款　　　　　　　　　　　　　　　　20 000

后续年份支付租金同上。

可见,企业所得税处理与会计处理存在差异。

(3)印花税。双方签订的租赁合同如果属于经营租赁合同,应按合同所载租金总额(不含增值税)的1‰计算缴纳印花税;如果属于融资租赁合同,则按合同所载租金总额(不含增值税)0.05‰计算缴纳印花税。值得注意的是,根据《关于印花税若干具体问题的规定》(国税地字〔1988〕25号),有些合同在签订时无法确定计税金额,如技术转让合同中的转让收入,是按销售收入的一定比例收取或是按实现利润分成的;财产租赁合同,只是规定了月(天)租金标准而并无租赁期限的。对这类合同,可在签订时先按定额5元贴花,以后结算时再按实际金额计税，补贴印花。本例中，第1年合同签订时按5元缴纳印花税，第1年年末租金合同的租金金额确定时，再补贴印花。若为融资租赁合同，则应补交金额为5元（20 000×10×0.05‰－5）；若为经营租赁合同，则应补交金额为195元（20 000×10×1‰－5）。

此外，出租人乙公司还涉及城市维护建设税（市区7%，县城及建制镇5%，其他地区1%）、教育费附加（3%）和地方教育附加（2%），计税依据为当期实际缴纳的增值税和消费税。

(2) <u>担保余值预计的应付金额发生变动</u>。在租赁期开始日后，承租人应对其在担保余值下预计支付的金额进行估计。<u>该金额发生变动的，承租人应当按照变动后租赁付款额的现值重新计量租赁负债，采用的折现率仍然不变</u>。

【例3-14】 沿用例3-7，在租赁期开始日后，承租人甲公司对该汽车在租赁期结束时的公允价值进行监测。假设在第1年年末，甲公司预计该汽车在租赁期结束时的公允价值为30 000元。

会计处理：

甲公司应将该担保余值下预计应付的金额10 000元（即40 000－30 000）纳入租赁付款额，并使用不变的折现率来重新计量租赁负债。

税务处理：

担保余值预计的应付金额发生变动不需要在第1年年末处理，等到实际发生担保余值应付金额时才允许税前扣除。

(3) <u>用于确定租赁付款额的指数或比率发生变动</u>。在租赁期开始日后,因<u>浮动利率</u>的变动而导致未来租赁付款额发生变动的,承租人应当按照变动后租赁付款额的现值重新计量租赁负债。在该情形下,<u>承租人应采用反映利率变动的修订后的折现率进行折现</u>。

在租赁期开始日后,因用于确定租赁付款额的指数或比率(浮动利率除外)的变动而导致未来租赁付款额发生变动的,承租人应当按照变动后租赁付款额的现值重新计量租赁负债。在该情形下,<u>承租人采用的折现率不变</u>。

需要注意的是,仅当<u>现金流量发生变动</u>时,即<u>租赁付款额的变动生效</u>时,承租人才应重新计量租赁负债,以反映变动后的租赁付款额。承租人应基于变动后的合同付款额,确定剩余租赁期内的租赁付款额。

> **📢 特别提示**
>
> 租赁付款额变动原因:
>
> 1)浮动利率变动,重新计量租赁负债,并采用反映利率变动的新折现率;
>
> 2)指数或比率变动,重新计量租赁负债,并采用租赁期开始日折现率。

【例3-15】 沿用例3-4,假设在租赁第3年年初的消费者价格指数为135,甲公司在租赁期开始日采用的折现率为5%。在第3年年初,在对因消费者价格指数变化而导致未来租赁付款额的变动进行会计处理以及支付第3年的租赁付款额之前,租赁负债为339 320

元（即 50 000＋50 000×(P/A，5%，7)）。经消费者价格指数调整后的第 3 年租赁付款额为 54 000 元（即 50 000×135÷125）。

会计处理：

本例中，因用于确定租赁付款额的消费者价格指数的变动，而导致未来租赁付款额发生变动，甲公司应当于第 3 年年初重新计量租赁负债，以反映变动后的租赁付款额，即租赁负债应当以每年 54 000 元的租赁付款额（剩余 8 笔）为基础进行重新计量。在第 3 年年初，甲公司按以下金额重新计量租赁负债：每年 54 000 元的租赁付款额按不变的折现率（即 5%）进行折现，为 366 466 元（即 54 000＋54 000×(P/A，5%，7)）。因此，甲公司的租赁负债将增加 27 146 元，即重新计量后的租赁负债（366 466 元）与重新计量前的租赁负债（339 320 元）之间的差额。不考虑其他因素，甲公司相关账务处理如下：

借：使用权资产　　　　　　　　　　　　　　27 146
　　租赁负债——未确认融资费用　　　　　　 4 854
　　贷：租赁负债——租赁付款额（8×4 000）　32 000

税务处理：

税法不认可因消费者价格指数发生变化而对未来租赁付款额的现值进行重新计量，但是，认可根据消费者价格指数对租赁付款额的调整，因为这是一个已经实际发生的确定事实。

(4) <u>购买选择权、续租选择权或终止租赁选择权的评估结果或实际行使情况发生变化</u>。

租赁期开始日后，发生下列两种情形的，承租人应采用<u>修订后</u>

的折现率对变动后的租赁付款额进行折现，以重新计量租赁负债：

1）续租选择权或终止租赁选择权：发生承租人可控范围内的重大事件或变化，且影响承租人是否合理确定将行使续租选择权或终止租赁选择权的，承租人应当对其是否合理确定将行使相应选择权进行重新评估。

2）购买选择权：发生承租人可控范围内的重大事件或变化，且影响承租人是否合理确定将行使购买选择权的，承租人应当对其是否合理确定将行使购买选择权进行重新评估。

上述两种情形下，承租人在计算变动后租赁付款额的现值时，应当采用剩余租赁期间的租赁内含利率作为折现率；无法确定剩余租赁期间的租赁内含利率的，应当采用重估日的承租人增量借款利率作为折现率。

> **特别提示 1**
> 修订后的折现率适用的情形：发生承租人可控范围内的重大事件或变化，影响承租人是否合理确定行权＋重新评估结果发生变化。

> **特别提示 2**
> 承租人不可控的重大事件或变化（如新冠肺炎疫情暴发、房价上涨等），尽管会影响承租人是否合理确定行权，但是不需重新计量租赁负债。

134 新租赁准则与税法差异分析

本节内容要点如图 3-2 所示。

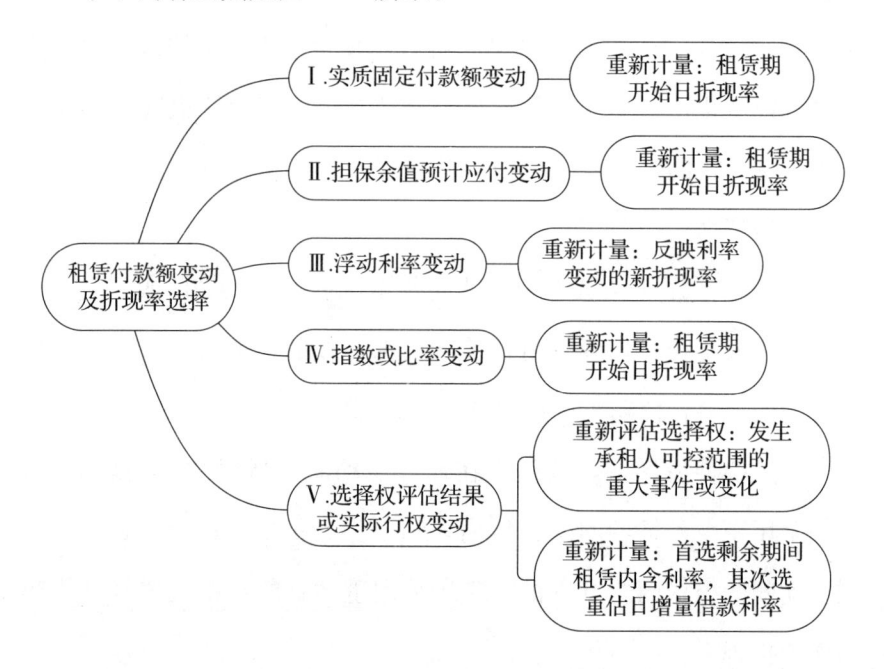

租赁付款额变动及折现率选择
- Ⅰ.实质固定付款额变动 → 重新计量：租赁期开始日折现率
- Ⅱ.担保余值预计应付变动 → 重新计量：租赁期开始日折现率
- Ⅲ.浮动利率变动 → 重新计量：反映利率变动的新折现率
- Ⅳ.指数或比率变动 → 重新计量：租赁期开始日折现率
- Ⅴ.选择权评估结果或实际行权变动
  - 重新评估选择权：发生承租人可控范围的重大事件或变化
  - 重新计量：首选剩余期间租赁内含利率，其次选重估日增量借款利率

图 3-2 租赁付款额变动及折现率选择

【例 3-16】 承租人甲公司与出租人乙公司签订了一份为期 5 年的设备租赁合同。甲公司计划开发自有设备以替代租赁资产，自有设备计划在 5 年内投入使用。甲公司拥有在租赁期结束时以 5 000 元购买该设备的选择权。每年的租赁付款额固定为 10 000 元，于每年年末支付。甲公司无法确定租赁内含利率，其增量借款利率为 5%。在租赁期开始日，甲公司对行使购买选择权的可能性进行评估后认为，不能合理确定将行使购买选择权。这是因为甲公司计划开发自有设备，继而在租赁期结束时替代租赁资产。

会计处理：

在租赁期开始日，甲公司确认的租赁负债为 43 300 元（即 $10\,000 \times (P/A, 5\%, 5)$）。租赁负债将按以下方法摊销，如表 3-1 所示。

表 3-1　　　　　　　　　　　　　　　　　　单位：元

年度	租赁负债年初金额①	利息 ②=①×5%	租赁付款额③	租赁负债年末金额 ④=①+②-③
1	43 300*	2 165	10 000	35 465
2	35 465	1 773	10 000	27 238
3	27 238	1 362	10 000	18 600
4	18 600	930	10 000	9 530
5	9 530	470**	10 000	—

注：*为便于计算，本题中年金现值系数取两位小数。
**第 5 年的利息费用=10 000-9 530=470(元)。

假设在第 3 年年末，甲公司做出削减开发项目的战略决定，包括上述替代设备的开发。该决定在甲公司的可控范围内，并影响其是否合理确定将行使购买选择权。此外，甲公司预计该设备在租赁期结束时的公允价值为 20 000 元。甲公司重新评估其行使购买选择权的可能性后认为，其合理确定将行使该购买选择权。原因是：在租赁期结束时不大可能有可用的替代设备，并且该设备在租赁期结束时的预期市场价值（20 000 元）远高于行权价格（5 000 元）。因此，甲公司应在第 3 年年末将购买选择权的行权价格纳入租赁付款额中。假设甲公司无法确定剩余租赁期间的租赁内含利率，其第 3 年年末的增量借款利率为5.5%。在第3年年末，甲公司重新计量租赁负债以涵盖购买选择权的行权价格，并采用修订后的折现率5.5%进行折现。重新计量后的租赁负债（支付前3年的付款额后）为22 960元，即10 000×$(P/F, 5.5\%, 1)+(10 000+5 000)\times(P/F, 5.5\%, 2)$。此后，租赁负债将按表3-2所述方法进行后续计量。

表3-2　　　　　　　　　　　　　　　　　　　　　　单位：元

年度	租赁负债年初金额 ①	利息 ②=①×5.5%	租赁付款额 ③	租赁负债年末金额 ④=①+②-③
4	22 960	1 263	10 000	14 223
5	14 223	777*	15 000	—

注：*第5年的利息费用=10 000+5 000-14 223（行权价格）=777（元）。

税务处理：

本例涉及的税收有：

（1）增值税。设备属于有形动产，出租人乙公司属于提供有形动产租赁服务。若该租赁属于经营租赁，其销售额为向承租人甲公司收取的租金和价外费用（每年为10 000元）；若该租赁属于融资租赁（假设属于经批准从事融资租赁业务的纳税人），其销售额为向承租人甲公司收取的全部价款和价外费用扣除支付的融资利息后的余额。在租赁双方均为一般纳税人的情况下，出租人乙公司需要向承租人甲公司开具税率为13%的增值税专用发票。

（2）企业所得税。承租人甲在租赁开始日需要判断该租赁的类型。

1）若为融资租赁，其税务处理用会计的语言可以表述如下：

租赁期开始日：

借：固定资产——融资租入固定资产（10 000×5）　　50 000
　　贷：长期应付款——应付融资租赁款　　　　　　　　　50 000

每年年末支付租赁款时：

借：长期应付款——应付融资租赁款　　　　　　　10 000
　　贷：银行存款　　　　　　　　　　　　　　　　　　10 000

若租赁的机器设备用于产品生产，设备的残值为 0，则：

借：制造费用等（(50 000－0)/5）　　　　　　　　10 000
　　贷：累计折旧　　　　　　　　　　　　　　　　　　10 000

公司在第 3 年年末重新计量租赁负债，税务上不予认可。

若租赁期结束时，承租人甲公司（假定承租人和出租人均为一般纳税人）选择行权，则：

借：固定资产（5 000/(1＋13%)）　　　　　　　　4 424.78
　　应交税费——应交增值税（进项税额）（5 000/(1＋13%)×
　　　13%）　　　　　　　　　　　　　　　　　　　575.22
　　贷：银行存款　　　　　　　　　　　　　　　　　　5 000

2）若为经营租赁，承租人应当将租金在租赁期内各个期间按照直线法计入相关资产成本或当期损益。其税务处理用会计的语言可以表述如下。

每年年末支付租金时：

借：制造费用等　　　　　　　　　　　　　　　　10 000
　　贷：银行存款　　　　　　　　　　　　　　　　　　10 000

若租赁期结束时,承租人甲公司(假定承租人和出租人均为一般纳税人)选择行权,则:

借:固定资产(5 000/(1+13%)) 4 424.78

应交税费——应交增值税(进项税额)(5 000/(1+13%)×13%) 575.22

贷:银行存款 5 000

可见,企业所得税处理与会计处理存在差异。

(3)印花税。双方签订的租赁合同如果属于经营租赁合同,应按合同所载租金总额(不含增值税)的 1‰计算缴纳印花税(500 000×1‰);如果属于融资租赁合同,则按合同所载租金总额(不含增值税)的 0.05‰计算缴纳印花税(500 000×0.05‰)。

此外,出租人乙公司还涉及城市维护建设税(市区 7%,县城及建制镇 5%,其他地区 1%)、教育费附加(3%)和地方教育附加(2%),计税依据为当期实际缴纳的增值税和消费税。

【例 3-17】 承租人甲公司租入一层办公楼,为期 10 年,并拥有可续租 5 年的选择权。初始租赁期间(即 10 年)的租赁付款额为每年 50 000 元,可选续租期间(即 5 年)的租赁付款额为每年 55 000 元,均在每年年初支付。在租赁期开始日,甲公司评估后认为,不能合理确定将会行使续租选择权,因此确定租赁期为 10 年。甲公司无法确定租赁内含利率,其增量借款利率为 5%。在租赁期开始日,甲公司支付第 1 年的租赁付款额 50 000 元,并确认租赁负债 355 390 元(即 50 000×(P/A,5%,9))。在第 5~6 年,甲公司的业务显著增长,其日益扩大的人员规模意味着需要扩租办公楼。为了最大限度地降低成本,甲公司额外签订了一份为期 8 年、在同一办公楼内其他楼层的租赁合同,在第 7 年年初起租。

会计处理:

将扩张的人员安置到在同一办公楼内其他楼层的决定,在甲公司的可控范围内,并影响其是否合理确定将行使现有租赁合同下的续租选择权。如果在其他办公楼中租入一个类似的楼层,甲公司可能会产生额外的费用,因为其人员将处于两栋不同的办公楼中,而将全部人员搬迁到其他办公楼的费用可能会更高。在第 6 年年末,甲公司重新评估后认为,其合理确定将行使现有租赁合同下的续租选择权,因此该租赁的租赁期由 10 年变为 15 年。在对租赁期的变化进行会计处理前,即基于 10 年租赁期时,甲公司在第 6 年年末的租赁负债(支付前 6 年的付款额后)为 186 160 元(即 50 000＋50 000×$(P/A,5\%,3)$)。

在第 6 年年末,甲公司重新评估后的租赁期为 15 年,因此应将剩余租赁期(第 7~15 年)内的租赁付款额(共 9 笔)纳入租赁负债,并采用修订后的折现率进行折现。假设甲公司无法确定剩余租赁期间的租赁内含利率,其第 6 年年末的增量借款利率为 4.5%。因此,甲公司重新计量后的租赁负债为 399 030 元,即 50 000＋50 000×$(P/A, 4.5\%, 3)$＋55 000×$(P/A, 4.5\%, 5)$×$(P/F, 4.5\%, 3)$。

税务处理:

税法上认可承租人甲公司的租赁期是 10 年。本例涉及的税收有：

(1) 增值税。若交易双方均属于一般纳税人，针对办公楼的租赁，出租人应按不动产租赁税目进行增值税处理。若该租赁属于经营租赁，其销售额为向承租人甲公司收取的租金和价外费用。其中，如果该办公楼是 2016 年 4 月 30 日前取得的，可以选择适用简易计税方法，按 5% 的征收率计算应纳税额（不在同一县（市、区）的，先预缴（增值税＝含税销售额÷(1＋5%)×5%）再申报纳税），也可以适用一般计税方法（不在同一县（市、区）的，先预缴（增值税＝含税销售额÷(1＋9%)×3%）再申报纳税）。若该租赁属于融资租赁（假设属于经批准从事融资租赁业务的纳税人），其销售额为向承租人甲公司收取的全部价款和价外费用扣除支付的融资利息后的余额。其中，一般纳税人 2016 年 4 月 30 日前签订的不动产融资租赁合同或以 2016 年 4 月 30 日前取得的不动产提供的融资租赁服务，可以选择适用简易计税方法，按 5% 的征收率计算缴纳增值税（应纳增值税＝含税销售额÷(1＋5%)×5%）（财税〔2016〕47 号）。出租人若采用一般计税方法，应向承租人甲公司开具税率为 9% 的增值税专用发票；出租人若采用简易计税方法，应向承租人甲公司开具征收率为 5% 的增值税普通发票。

(2) 企业所得税。承租人甲在租赁开始日需要判断该租赁的类型。

1）若为融资租赁，其税务处理用会计的语言可以表述如下。

租赁期开始日：

借：固定资产——融资租入固定资产（50 000×10）

               500 000

 贷：长期应付款——应付融资租赁款 500 000

每年年末支付租赁款时：

 借：长期应付款——应付融资租赁款 50 000

  贷：银行存款   50 000

每年年末，假设办公楼的残值为0，则：

 借：管理费用（(500 000－0)/10）   50 000

  贷：累计折旧   50 000

公司在第6年年末合理确定延长租赁期（即续租）并重新计量租赁负债，税务上不予认可。

2）若为经营租赁，承租人应当将租金在租赁期内各个期间按照直线法计入相关资产成本或当期损益。其税务处理用会计的语言可以表述如下。

每年年末支付租金时：

 借：管理费用   50 000

  贷：银行存款   50 000

若10年租赁期结束时，承租人甲公司（假定承租人和出租人均为一般纳税人）选择行权续租，则将其作为另一份租赁合同处理（即重新判断5年的续租是融资租赁还是经营租赁，再进行税务处理）。

可见，企业所得税处理与会计处理存在差异。

（3）印花税。承租人甲公司与出租人乙公司之间签订的有关办公楼合同属于租赁合同，如果属于经营租赁合同，应按合同所载租金总额（不含增值税）的1‰计算缴纳印花税（500 000×1‰）；如果属于融资租赁合同，则按合同所载租金总额（不含增值税）的0.05‰计算缴纳印花税（500 000×0.05‰）。

（4）房产税。出租人出租办公楼收取的租金，应按租金收入的12%计算缴纳房产税（每年为50 000×12%），房产税作为税金及附加可以在企业所得税税前全额扣除。

此外，出租人还涉及城市维护建设税（市区7%，县城及建制镇5%，其他地区1%）、教育费附加（3%）和地方教育附加（2%），计税依据为当期实际缴纳的增值税和消费税。

【例3-18】 承租人甲公司与出租人乙公司签订为期5年的库房租赁合同，每年年末支付固定租金10 000元。甲公司拥有在租赁期结束时以300 000元购买该库房的选择权。在租赁期开始日，甲公司评估后认为，不能合理确定将行使该购买选择权。

第3年年末，该库房所在地房价显著上涨，甲公司预计租赁期结束时该库房的市价为600 000元，甲公司重新评估后认为，能够合理确定将行使该购买选择权。

会计处理：

该库房所在地区的房价上涨属于市场情况发生的变化，不在甲公司的可控范围内。因此，虽然该事项导致购买选择权的评估结果发生变化，但甲公司不应在第3年年末重新计量租赁负债。

然而，如果甲公司在第3年年末不可撤销地通知乙公司，其将在第 5 年年末行使购买选择权,则属于购买选择权实际行使情况发生了变化,甲公司需要在第 3 年年末按修订后的折现率对变动后的租赁付款额进行折现,重新计量租赁负债。

税务处理:

税法上认可承租人甲公司的租赁期是 5 年。本例涉及的税收有:

(1) 增值税。若交易双方均属于一般纳税人,针对库房的租赁,乙公司应按不动产租赁税目进行增值税处理。若该租赁属于经营租赁,其销售额为向承租人甲公司收取的租金和价外费用。其中,如果该库房是 2016 年 4 月 30 日前取得的,可以选择适用简易计税方法,按 5% 的征收率计算应纳税额(不在同一县(市、区)的,先预缴(增值税=含税销售额÷(1+5%)×5%)再申报纳税),也可以适用一般计税方法(不在同一县(市、区)的,先预缴(增值税=含税销售额÷(1+9%)×3%)再申报纳税)。若该租赁属于融资租赁(假设属于经批准从事融资租赁业务的纳税人),其销售额为向承租人甲公司收取的全部价款和价外费用扣除支付的融资利息后的余额。其中,一般纳税人 2016 年 4 月 30 日前签订的不动产融资租赁合同或以 2016 年 4 月 30 日前取得的不动产提供的融资租赁服务,可以选择适用简易计税方法,按 5% 的征收率计算缴纳增值税(应纳增值税=含税销售额÷(1+5%)×5%)(财税〔2016〕47 号)。出租人乙公司若采用一般计税方法,应向承租人甲公司开具税率为 9% 的增值税专用发票。出租人乙公司若采用简易计税方法,应向承租人甲公司开具征收率 5% 的增值税普通发票。

（2）企业所得税。承租人甲公司在租赁开始日需要判断该租赁的类型。

1）若为融资租赁，其税务处理用会计的语言可以表述如下。

租赁期开始日：

　　借：固定资产——融资租入固定资产（10 000×5）　　50 000

　　　　贷：长期应付款——应付融资租赁款　　　　　　　　50 000

每年年末支付租赁款时：

　　借：长期应付款——应付融资租赁款　　　　　　　　10 000

　　　　贷：银行存款　　　　　　　　　　　　　　　　　10 000

每年年末，假设库房的残值为0，则：

　　借：制造费用等（(50 000－0)/5）　　　　　　　　10 000

　　　　贷：累计折旧　　　　　　　　　　　　　　　　　10 000

公司在第3年年末合理确定行权，尤其是不可撤销地通知乙公司在第5年年末行权，就具有了确定性特征，税务上予以认可。

若5年租赁期结束时，承租人甲公司（假定承租人和出租人均为一般纳税人）选择行权购买该库房，则将其作为单独的资产购买进行处理。

　　借：固定资产——库房（300 000/(1＋9%)）　　275 229.36

　　　　应交税费——应交增值税（进项税额）（300 000/(1＋9%)×9%）　　　　　　　　　　　　　　　　　　 24 770.64

　　　　贷：银行存款　　　　　　　　　　　　　　　　300 000

2）若为经营租赁，承租人应当将租金在租赁期内各个期间按照直线法计入相关资产成本或当期损益。其税务处理用会计的语言可以表述如下。

每年年末支付租金时：

　　借：制造费用等　　　　　　　　　　　　10 000

　　　　贷：银行存款　　　　　　　　　　　　10 000

第5年年末行权时，同融资租赁情形下行权的处理。

可见，企业所得税处理与会计处理存在差异。

（3）印花税。承租人甲公司与出租人乙公司之间签订的有关库房的合同属于租赁合同，如果属于经营租赁合同，应按合同所载租金总额（不含增值税）的1‰计算缴纳印花税（10 000×5×1‰）；如果属于融资租赁合同，则按合同所载租金总额（不含增值税）的0.05‰计算缴纳印花税（10 000×5×0.05‰）。

（4）房产税。乙公司出租库房收取的租金，应按租金收入的12%计算缴纳房产税（每年为10 000×12%），房产税作为税金及附加可以在企业所得税税前全额扣除。

此外，出租人还涉及城市维护建设税（市区7%，县城及建制镇5%，其他地区1%）、教育费附加（3%）和地方教育附加（2%），计税依据为当期实际缴纳的增值税和消费税。

【例3-19】承租人甲公司与出租人乙公司签订了一份办公楼租赁合同，每年的租赁付款额为50 000元，于每年年末支付。甲公司无法确定租赁内含利率，其增量借款利率为5%。

不可撤销租赁期为5年，并且合同约定在第5年年末，甲公司有权选择以每年 50 000 元续租 5 年，也有权选择以 1 000 000 元购买该房产。甲公司在租赁期开始时评估认为，可以合理确定将行使续租选择权，而不会行使购买选择权，因此将租赁期确定为 10 年。

会计处理：

在租赁期开始日，甲公司确认的租赁负债和使用权资产为 386 000 元，即 $50\,000 \times (P/A, 5\%, 10) = 386\,000$（元）。租赁负债将按表 3-3 所述方法进行后续计量。

表 3-3　　　　　　　　　　　　　　　　单位：元

年度	租赁负债年初金额 ①	利息 ②=①×5%	租赁付款额 ③	租赁负债年末金额 ④=①+②-③
1	386 000*	19 300	50 000	355 300
2	355 300	17 765	50 000	323 065
3	323 065	16 155	50 000	289 255
4	289 255	14 465	50 000	253 765
5	253 765	12 690	50 000	216 490
6	216 490	10 825	50 000	177 325
7	177 325	8 865	50 000	136 165
8	136 165	6 810	50 000	93 010
9	93 010	4 650	50 000	47 650
10	47 650	2 350	50 000	—

注：*为便于计算，本题中年金现值系数取两位小数。

在租赁期开始日，甲公司的账务处理为：

借：使用权资产　　　　　　　　　　　　　　　　386 000

　　租赁负债——未确认融资费用（500 000－386 000）

　　　　　　　　　　　　　　　　　　　　　　　114 000

　　贷：租赁负债——租赁付款额　　　　　　　　500 000

第 1 年年末：

借：财务费用　　　　　　　　　　　　　　　　　19 300

　　贷：租赁负债——未确认融资费用　　　　　　　19 300

第 2~4 年年末同上（数字用表 3-3 中对应年份的利息）。

在第 4 年，该房产所在地房价显著上涨，甲公司预计租赁期结束时该房产的市价为 2 000 000 元，甲公司在第 4 年年末重新评估后认为，能够合理确定将行使上述购买选择权，而不会行使上述续租选择权。该房产所在地区的房价上涨属于市场情况发生的变化，不在甲公司的可控范围内。因此，虽然该事项导致购买选择权及续租选择权的评估结果发生变化，但甲公司不需要重新计量租赁负债。

在第 5 年年末，甲公司实际行使了购买选择权。截至该时点，使用权资产的原值为 386 000 元，累计折旧为 193 000 元（即 386 000×5/10）；支付了第 5 年租赁付款额之后，租赁负债的账面价值为 216 490 元，其中，租赁付款额为 250 000 元，未确认融资费用为 33 510 元（即 250 000—216 490）。甲公司行使购买选择权的会计分录为：

借：固定资产——办公楼　　　　　　　　　　　　976 510

　　使用权资产累计折旧　　　　　　　　　　　　193 000

　　租赁负债——租赁付款额　　　　　　　　　　250 000

　　贷：使用权资产　　　　　　　　　　　　　　386 000

　　　　租赁负债——未确认融资费用　　　　　　33 510

　　　　银行存款　　　　　　　　　　　　　　1 000 000

提示：该会计处理的思路是确认取得房产，同时将行权时点使用权资产的账面价值结转以及租赁负债的账面价值结转。

税务处理：

税法上认可承租人甲公司的租赁期是 10 年。本例涉及的税收有：

(1) 增值税。若交易双方均属于一般纳税人，针对办公楼的租赁，乙公司应按不动产租赁税目进行增值税处理。若该租赁属于经营租赁，其销售额为向承租人甲公司收取的租金和价外费用。其中，如果该办公楼是 2016 年 4 月 30 日前取得的，可以选择适用简易计税方法，按 5% 的征收率计算应纳税额（不在同一县（市、区）的，先预缴（增值税＝含税销售额÷(1＋5%)×5%）再申报纳税），也可以适用一般计税方法（不在同一县（市、区）的，先预缴（增值税＝含税销售额÷(1＋9%)×3%）再申报纳税）。若该租赁属于融资租赁（假设属于经批准从事融资租赁业务的纳税人），其销售额为向承租人甲公司收取的全部价款和价外费用扣除支付的融资利息后的余额。其中，一般纳税人 2016 年 4 月 30 日前签订的不动产融资租赁合同或以 2016 年 4 月 30 日前取得的不动产提供的融资租赁服务，可以选择适用简易计税方法，按 5% 的征收率计算缴纳增值税（应纳增值税＝含税销售额÷(1＋5%)×5%）（财税〔2016〕47 号）。出租人乙公司若采用一般计税方法，应向承租人甲公司开具税率为 9% 的增值税专用发票。出租人乙公司若采用简易计税方法，应向承租人甲公司开具征收率为 5% 的增值税普通发票。

(2) 企业所得税。承租人甲公司在租赁开始日需要判断该租赁的类型。

1) 若为融资租赁，其税务处理用会计的语言可以表述如下。

租赁期开始日：

 借：固定资产——融资租入固定资产（50 000×5） 250 000

  贷：长期应付款——应付融资租赁款   250 000

每年年末支付租赁款时：

 借：长期应付款——应付融资租赁款   50 000

  贷：银行存款   50 000

每年年末，假设办公楼的残值为 0，则：

 借：管理费用（(250 000－0)/5）   50 000

  贷：累计折旧   50 000

2) 若为经营租赁，承租人应当将租金在租赁期内各个期间按照直线法计入相关资产成本或当期损益。其税务处理用会计的语言可以表述如下。

每年年末支付租金时：

 借：管理费用   50 000

  贷：银行存款   50 000

第 5 年年末，承租人甲公司（假定承租人和出租人均为一般纳税人）实际行使了购买选择权，则：

 借：固定资产——办公楼（1 000 000/(1＋9%)）

                917 431.19

  应交税费——应交增值税（进项税额）（1 000 000/(1＋9%)×9%)   82 568.81

贷：银行存款　　　　　　　　　　　　　　　　1 000 000

可见，企业所得税处理与会计处理存在差异。

（3）印花税。承租人甲公司与出租人乙公司之间签订的有关办公楼的合同属于租赁合同，如果属于经营租赁合同，应按合同所载租金总额（不含增值税）的1‰计算缴纳印花税（50 000×5×1‰）；如果属于融资租赁合同，则按合同所载租金总额（不含增值税）的0.05‰计算缴纳印花税(50 000×5×0.05‰)。

（4）房产税。乙公司出租办公楼收取的租金，应按租金收入的12%计算缴纳房产税（每年为50 000×12%），房产税作为税金及附加可以在企业所得税税前全额扣除。

此外，出租人还涉及城市维护建设税（市区7%，县城及建制镇5%，其他地区1%）、教育费附加（3%）和地方教育附加（2%），计税依据为当期实际缴纳的增值税和消费税。

四、使用权资产的后续计量与税务处理

（一）计量基础

在租赁期开始日后，承租人应当采用<u>成本模式</u>对使用权资产进行后续计量，即以成本减累计折旧及累计减值损失计量使用权资产。

承租人按照租赁准则有关规定重新计量租赁负债的，应当相应调整使用权资产的账面价值。

税务处理：税法上没有使用权资产的概念，对应的是固定资产或无形资产（融资租赁）以及长期待摊费用等成本费用（经营租赁）。

（二）使用权资产的折旧

（1）折旧计提。承租人应当参照固定资产有关折旧规定，自租赁期开始日起对使用权资产计提折旧。使用权资产通常应自租赁期开始的<u>当月计提折旧</u>，当月计提确有困难的，为便于实务操作，企业也可以选择自租赁期开始的下月计提折旧，但应对同类使用权资产采取相同的折旧政策。计提的折旧金额应根据使用权资产的用途，计入相关资产的成本或者当期损益。

> 📢 **特别提示**
>
> 　　使用权资产折旧：首选当月法，其次是下月法。

税务处理：税法上不认可使用权资产的折旧，对应的是固定资产或无形资产（融资租赁）的折旧摊销以及长期待摊费用等成本费用的摊销（经营租赁）。

（2）折旧方法。承租人在确定使用权资产的折旧方法时，应当根据与使用权资产有关的经济利益的<u>预期实现方式</u>做出决定。通常，承租人按直线法对使用权资产计提折旧，其他折旧方法更能反映使用权资产有关经济利益预期实现方式的，<u>应采用其他折旧方法</u>。

> 📢 **特别提示**
>
> 使用权资产的折旧方法：一般采用直线法，除非更能反映经济利益的预期实现方式，可用其他方法。

税务处理：税法上融资租入固定资产的折旧年限以及长期待摊费用等成本费用的摊销一般采用直线法。

承租人在确定使用权资产的折旧年限时，应遵循以下原则：承租人能够合理确定租赁期届满时取得租赁资产所有权的，应当在租赁资产<u>剩余使用寿命内计提折旧</u>；承租人无法合理确定租赁期届满时能够取得租赁资产所有权的，应当在租赁期与租赁资产剩余使用寿命两者<u>孰短</u>的期间内计提折旧。如果使用权资产的剩余使用寿命短于前两者，则应在使用权资产的剩余使用寿命内计提折旧。

> 📢 **特别提示**
>
> 使用权资产折旧年限：
>
> （1）合理确定取得所有权，折旧年限为租赁资产剩余使用寿命。
>
> （2）无法合理确定取得所有权，min(租赁期，租赁资产剩余使用寿命，使用权资产剩余使用寿命)。

税务处理：税法上融资租入固定资产的折旧年限没有相关规定，一般以租赁期与租赁资产寿命两者中较短者作为折旧期间。经营租赁中长期待摊费用的摊销一般是以租赁期为摊销期间。

（三）使用权资产的减值

在租赁期开始日后，承租人应当按照《企业会计准则第 8 号——资产减值》的规定，确定使用权资产是否发生减值，并对已识别的减值损失进行会计处理。使用权资产发生减值的，按应减记的金额，借记"资产减值损失"科目，贷记"使用权资产减值准备"科目。使用权资产减值准备一旦计提，不得转回。承租人应当按照扣除减值损失之后的使用权资产的账面价值，进行后续折旧。

> **特别提示**
>
> 使用权资产减值测试的标准是"账面价值与可收回金额之比较"。若出现减值迹象，且账面价值＞可收回金额，则要计提减值准备；反之，则不需要计提减值。

税务处理：税法上不认可使用权资产的减值。一般而言，除了银行和保险业按规定比例计提的减值可以扣除外，税法不认可企业计提的减值准备。

> **特别提示**
>
> 企业执行本准则后，《企业会计准则第 13 号——或有事项》有关亏损合同的规定仅适用于采用短期租赁和低价值资产租赁简化处理方法的租赁合同以及在租赁开始日前已是亏损合同的租赁合同，不再适用于其他租赁合同。

【例 3-20】 承租人甲公司签订了一份为期 10 年的机器租赁合同，用于甲公司生产经营。相关使用权资产的初始账面价值为 100 000 元，按直线法在 10 年内计提折旧，年折旧费为 10 000 元。在第 5 年年末，确认该使用权资产发生的减值损失 20 000 元，计入当期损益。

会计处理：

该使用权资产在减值前的账面价值为 50 000 元（即 100 000×5/10）。计提减值损失之后，该使用权资产的账面价值减至 30 000 元（即 50 000－20 000），之后每年的折旧费也相应减至 6 000 元（即 30 000÷5）。

税务处理：

承租人甲公司机器租赁的租赁期为 10 年，本例涉及的税收有：

（1）增值税。机器属于有形动产，出租人乙公司属于提供有形动产租赁服务。若该租赁属于经营租赁，其销售额为向承租人甲公司收取的租金和价外费用；若该租赁属于融资租赁（假设属于经批准从事融资租赁业务的纳税人），其销售额为向承租人甲公司收取的全部价款和价外费用扣除支付的融资利息后的余额。在租赁双方均为一般纳税人的情况下，出租人乙公司需要向承租人甲公司开具税率为 13% 的增值税专用发票。

（2）企业所得税。出租人乙公司应该按照合同约定的承租人甲公司应付租金的日期确认收入的实现。承租人甲公司在租赁开始日要划分租赁的类型。若为经营租赁，支付的租赁费支出按租赁期均匀扣除（《实施条例》第四十七条）；若为融资租赁，按租赁合同约定的付款总额（或租赁资产的公允价值）与签订合同发生的相关费用作为租入资产的计税基础，支付的租赁费应当通过计提折旧费用的方式分期扣除（《实施条例》第四十七条）。本例中，不管是融资租赁还是经营租赁，税法上不认可使用权资产的减值。根据《企业所得税法》第十条和《企业所得税法实施条例》第五十五条的规定，未经核定的准备金支出在计算应纳税所得额时不得扣除。使用权资产减值准备属于不能税前扣除的准备金。

（3）印花税。双方签订的租赁合同如果属于经营租赁合同，应按合同所载租金总额（不含增值税）的 1‰ 计算缴纳印花税；如果属于融资租赁合同，则按合同所载租金总额（不含增值税）的 0.05‰ 计算缴纳印花税。

此外，出租人乙公司还涉及城市维护建设税（市区 7%，县城及建制镇 5%，其他地区 1%）、教育费附加（3%）和地方教育附加（2%），计税依据为当期实际缴纳的增值税和消费税。

五、租赁变更

租赁变更，是指原合同条款之外的租赁范围、租赁对价、租赁期限的变更，包括增加或终止一项或多项租赁资产的使用权，延长或缩短合同规定的租赁期等。租赁变更生效日，是指双方就租赁变更达成一致的日期。

📢 **特别提示 1**

租赁变更：租赁范围/租赁对价/租赁期限。

📢 **特别提示 2**

租赁变更生效日：双方达成一致的日期。

📢 **特别提示 3**

注意与"租赁负债的重新计量"的区别。租赁负债的重新计量见图 3-3。

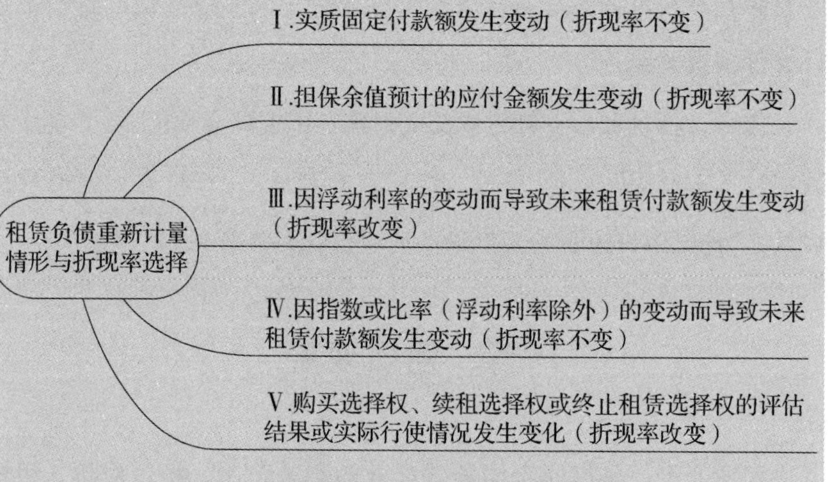

租赁负债重新计量情形与折现率选择：

- Ⅰ. 实质固定付款额发生变动（折现率不变）
- Ⅱ. 担保余值预计的应付金额发生变动（折现率不变）
- Ⅲ. 因浮动利率的变动而导致未来租赁付款额发生变动（折现率改变）
- Ⅳ. 因指数或比率（浮动利率除外）的变动而导致未来租赁付款额发生变动（折现率不变）
- Ⅴ. 购买选择权、续租选择权或终止租赁选择权的评估结果或实际行使情况发生变化（折现率改变）

图 3-3　租赁负债重新计量情形与折现率选择

（一）租赁变更作为一项单独租赁处理

需要同时满足以下条件：

(1) 该租赁变更通过增加一项或多项租赁资产的使用权而扩大了租赁范围或延长了租赁期限；

(2) 增加的对价与租赁范围扩大部分或租赁期限延长部分的单独价格按该合同情况调整后的金额<u>相当</u>。

> 📢 **特别提示**
>
> 单独租赁处理的条件：扩大租赁范围或延长租赁期（增加一项或多项租赁资产）＋对价反映单独售价。

税务处理：税法上并无租赁变更的特别规定，当租赁变更在会计上满足一项单独租赁的条件时，按其经济实质，税法也认为构成一项新租赁。

【例3-21】 承租人甲公司与出租人乙公司就2 000平方米的办公场所签订了一份为期10年的租赁合同。在第6年年初，甲公司和乙公司同意对原租赁合同进行变更，以扩租同一办公楼内3 000平方米的办公场所。扩租的场所于第6年第二季度末可供甲公司使用。增加的租赁对价与新增3 000平方米办公场所的当前市价（根据甲公司获取的扩租折扣进行调整后的金额）相当。扩租折扣反映了乙公司节约的成本，即若将相同场所租赁给新租户，乙公司将会发生的额外成本（如营销成本）。

会计处理：

在本例中，甲公司应当将该变更作为一项单独的租赁，与原来的10年期租赁分别进行会计处理。原因在于，该租赁变更通过增加3 000平方米办公场所的使用权而扩大了租赁范围，并且增加的租赁对价与新增使用权的单独价格按该合同情况调整后的金额相当。据此，在新租赁的租赁期开始日（即第6年第二季度末），甲公司确认与新增3 000平方米办公场所租赁相关的使用权资产和租赁负债。甲公司对原有2 000平方米办公场所租赁的会计处理不会因为该租赁变更而进行任何调整。

税务处理：

税法认可承租人甲公司将这项租赁变更视为一项单独租赁。同样，甲公司对原有2 000平方米办公场所租赁的税务处理不会因为该租赁变更而进行任何调整。

本例涉及的税收有：

（1）增值税。若交易双方均属于一般纳税人，针对办公场所的新租赁，乙公司应按不动产租赁税目进行增值税处理。若该租赁属于经营租赁，其销售额为向承租人甲公司收取的租金和价外费用。其中，如果该办公场所是2016年4月30日前取得的，可以选择适用简易计税方法，按5%的征收率计算应纳税额（不在同一县（市、区）的，先预缴（增值税＝含税销售额÷(1＋5%)×5%）再申报纳税），也可以适用一般计税方法（不在同一县（市、区）的，先预缴（增值税＝含税销售额÷(1＋9%)×3%）再申报纳税）。若该租赁属于融资租赁（假设属于经批准从事融资租赁业务的纳税人），其销售额为向承租人甲公司收取的全部价款和价外费用扣除支付的融资利息后的余额。其中，一般纳税人2016年4月30日前签订的不动产融资租赁合同或以2016年4月30日前取得的不动产提供的融资租赁服务，可以选择适用简易计税方法，按5%的征收率计算缴纳增值税（应纳增值税＝含税销售额÷(1＋5%)×5%）（财税〔2016〕47号）。出租人乙公司若采用一般计税方法，应向承租人甲公司开具税率为9%的增值税专用发票。出租人乙公司若采用简易计税方法，应向承租人甲公司开具征收率为5%的增值税普通发票。

（2）企业所得税。在新租赁的租赁开始日，承租人甲公司需要划分该单独租赁的类型。若为融资租赁，则在租赁期开始日确认新增3 000平方米办公场所对应的融资租入固定资产的计税基础，之后通过计提折旧费（计入管理费用）分期扣除；若为经营租赁，发生的租赁费支出计入管理费用，按照租赁期限均匀扣除。出租人乙公司向承租人甲公司收取的办公场所的租金按合同规定的付款日期确认收入。

（3）印花税。承租人甲公司与出租人乙公司之间签订的有关办公场所的合同属于租赁合同，对于新租赁合同，如果属于经营租赁合同，应按合同所载租金总额（不含增值税）的1‰计算缴纳印花税；如果属于融资租赁合同，则按合同所载租金总额（不含增值税）的0.05‰计算缴纳印花税。

（4）房产税。乙公司出租办公场所收取的租金，应按租金收入的12%计算缴纳房产税，房产税作为税金及附加可以在企业所得税税前全额扣除。

此外，出租人还涉及城市维护建设税（市区7%，县城及建制镇

5%，其他地区1%)、教育费附加（3%）和地方教育附加（2%），计税依据为当期实际缴纳的增值税和消费税。

（二）租赁变更未作为一项单独租赁处理

承租人应当在租赁变更生效日进行下列会计处理：

（1）按照租赁分拆的规定对变更后合同的对价进行分摊。

（2）确定变更后的租赁期。

（3）采用变更后的折现率对变更后的租赁付款额进行折现，以重新计量租赁负债。

（4）在计算变更后的租赁付款额的现值时，承租人应当采用剩余租赁期间的租赁内含利率作为折现率；无法确定剩余租赁期间的租赁内含利率的，应当采用租赁变更生效日的承租人增量借款利率作为折现率。

（5）就上述租赁负债调整的影响，承租人应区分以下情形进行会计处理：

1）租赁变更导致租赁范围缩小或租赁期缩短的，承租人应当调减使用权资产的账面价值，以反映租赁的部分终止或完全终止。承租人应将部分终止或完全终止租赁的相关利得或损失计入当期损益。

2）其他租赁变更，承租人应当相应调整使用权资产的账面价值。

税务处理：税法不需要按会计的方法对租赁负债进行重新计量。但是，若为融资租赁，则需要重新确认融资租入资产的计税基础；

若为经营租赁,则需要按变更后实际发生的租赁费支出进行扣除。

【例 3-22】 承租人甲公司与出租人乙公司就 5 000 平方米的办公场所签订了 10 年期的租赁合同。年租赁付款额为 100 000 元,在每年年末支付。甲公司无法确定租赁内含利率。在租赁期开始日,甲公司的增量借款利率为 6%,相应的租赁负债和使用权资产的初始确认金额均为 736 000 元,即 100 000×(P/A,6%,10)①。在第 6 年年初,甲公司和乙公司同意对原租赁合同进行变更,即自第 6 年年初起,将原租赁场所缩减至 2 500 平方米。每年的租赁付款额(第 6~10 年)调整为 60 000 元。承租人在第 6 年年初的增量借款利率为 5%。

会计处理:

在租赁变更生效日(即第 6 年年初),甲公司基于以下情况对租赁负债进行重新计量:①剩余租赁期为 5 年;②年付款额为 60 000 元;③采用修订后的折现率 5% 进行折现。据此,计算得出租赁变更后的租赁负债为 259 770 元,即 60 000×(P/A,5%,5)。

甲公司应基于原使用权资产部分终止的比例(即缩减的 2 500 平方米占原使用权资产的 50%),来确定使用权资产账面价值的调减金额。在租赁变更之前,原使用权资产的账面价值为 368 000 元(即 736 000×5/10),50% 的账面价值为 184 000 元;原租赁负债的账面价值为 421 240 元(即 100 000×(P/A,6%,5)),50% 的账面价值

---

① 100 000×(P/A,6%,10)=736 010(元),为便于计算,本题中作尾数调整,取 736 000 元。

为210 620元。因此，在租赁变更生效日（第6年年初），甲公司终止确认50%的原使用权资产和原租赁负债，并将租赁负债减少额与使用权资产减少额之间的差额26 620元（即210 620－184 000），作为利得计入当期损益。其中，租赁负债的减少额（210 620元）包括租赁付款额的减少额250 000元（即100 000×50%×5），以及未确认融资费用的减少额39 380元（即250 000－210 620）。甲公司终止确认50%的原使用权资产和原租赁负债的账务处理为：

借：租赁负债——租赁付款额（100 000×5×50%）

              250 000

 贷：租赁负债——未确认融资费用（250 000－100 000×

   $(P/A, 6\%, 5)×50\%$）   39 380

  使用权资产（736 000×5/10×50%） 184 000

  资产处置损益   26 620

此外，甲公司剩余租赁负债（210 620元）与变更后重新计量的租赁负债（259 770元）之间的差额49 150元，相应调整使用权资产的账面价值。其中，租赁负债的增加额（49 150元）包括两部分：租赁付款额的增加额50 000元（即（60 000－100 000×50%）×5），以及未确认融资费用的增加额850元（即50 000－49 150）。甲公司调整现使用权资产价值的账务处理为：

借：使用权资产   49 150

  租赁负债——未确认融资费用   850

 贷：租赁负债——租赁付款额   50 000

税务处理：

承租人甲公司办公场所的租赁期为10年。本例涉及的税收有：

（1）增值税。若交易双方均属于一般纳税人，针对办公场所的租赁，乙公司应按不动产租赁税目进行增值税处理。若该租赁属于经营租赁，其销售额为向承租人甲公司收取的租金和价外费用。其中，如果该办公场所是2016年4月30日前取得的，可以选择适用简易计税方法，按5%的征收率计算应纳税额（不在同一县（市、区）的，先预缴（增值税＝含税销售额÷(1＋5%)×5%）再申报纳税），也可以适用一般计税方法（不在同一县（市、区）的，先预缴（增值税＝含税销售额÷(1＋9%)×3%）再申报纳税）。若该租赁属于融资租赁（假设属于经批准从事融资租赁业务的纳税人），其销售额为向承租人甲公司收取的全部价款和价外费用扣除支付的融资利息后的余额。其中，一般纳税人2016年4月30日前签订的不动产融资租赁合同或以2016年4月30日前取得的不动产提供的融资租赁服务，可以选择适用简易计税方法，按5%的征收率计算缴纳增值税（应纳增值税＝含税销售额÷(1＋5%)×5%）（财税〔2016〕47号）。出租人乙公司若采用一般计税方法，应向承租人甲公司开具税率为9%的增值税专用发票。出租人乙公司若采用简易计税方法，应向承租人甲公司开具征收率为5%的增值税普通发票。

（2）企业所得税。承租人甲公司在租赁开始日需要判断该租赁是融资租赁还是经营租赁。

1）若为融资租赁，则在租赁期开始日的计税基础为租赁合同约定的租金（100 000×10）再加上签订租赁合同过程中发生的相关费用（本例中为0），即1 000 000元。以融资租赁方式租入固定资产发生的租赁费支出，按照规定构成融资租入固定资产价值的部分应当提取折旧费用（本例中为管理费用），分期扣除（若办公场所的残值为0，则每年税前可以扣除的金额为100 000元（(1 000 000－0)/10））。若为经营租赁，以经营租赁方式租入固定资产发生的租赁费支出（每年为100 000元），按照租赁期限（本例中为10年）均匀扣除。

2）第6年年初，租赁变更生效。税法上不需要按会计的方法对租赁负债进行重新计量。若为融资租赁，在第6年年初的计税基础为300 000元（即60 000×5），原融资租入固定资产在第6年年初的计税基础为500 000元（即100 000×5），50%的计税基础为250 000元。原租赁负债的计税基础也为500 000元（即100 000×5），50%的计税基础为250 000元。税务处理用会计的语言表述如下。

借：固定资产——融资租入固定资产（300 000－250 000）

                50 000

 贷：长期应付款——应付融资租赁款 50 000

同时，甲公司需要终止确认50%的原融资租入固定资产的计税基础和原租赁负债的计税基础。

借：长期应付款——应付融资租赁款（100 000×5×50%）

                250 000

 贷：固定资产——融资租入固定资产（计税基础） 250 000

若为经营租赁，以租赁变更之后实际发生的租赁费支出（每年为 60 000 元），按照剩余租赁期限（第 6~10 年）均匀扣除。

因此，与会计处理存在差异。

（3）印花税。承租人甲公司与出租人乙公司之间签订的有关办公场所的合同属于租赁合同，对于租赁合同，如果属于经营租赁合同，应按合同所载租金总额（不含增值税）的 1‰ 计算缴纳印花税（100 000×10×1‰）；如果属于融资租赁合同，则按合同所载租金总额（不含增值税）的 0.05‰ 计算缴纳印花税（100 000×10×0.05‰）。

（4）房产税。乙公司出租办公场所收取的租金，应按租金收入的 12% 计算缴纳房产税（每年为 100 000×12%），房产税作为税金及附加可以在企业所得税税前全额扣除。

此外，出租人还涉及城市维护建设税（市区 7%，县城及建制镇 5%，其他地区 1%）、教育费附加（3%）和地方教育附加（2%），计税依据为当期实际缴纳的增值税和消费税。

【例 3-23】承租人甲公司与出租人乙公司就 5 000 平方米的办公场所签订了一份为期 10 年的租赁合同。年租赁付款额为 100 000 元，在每年年末支付。甲公司无法确定租赁内含利率。甲公司在租赁期开始日的增量借款利率为 6%。在第 7 年年初，甲公司和乙公司同意对原租赁合同进行变更，即将租赁期延长 4 年。每年的租赁付款额不变（即在第 7~14 年的每年年末支付 100 000 元）。甲公司在第 7 年年初的增量借款利率为 7%。

会计处理：

在租赁变更生效日（即第7年年初），甲公司基于下列情况对租赁负债进行重新计量：①剩余租赁期为8年；②年付款额为100 000元；③采用修订后的折现率7%进行折现。据此，计算得出租赁变更后的租赁负债为597 130元，即100 000×(P/A, 7%, 8)。租赁变更前的租赁负债为346 510元，即100 000×(P/A, 6%, 4)。甲公司将变更后租赁负债的账面价值与变更前的账面价值之间的差额250 620元（即597 130－346 510），相应调整使用权资产的账面价值。

借：使用权资产　　　　　　　　　　　　　　　　250 620
　　租赁负债——未确认融资费用　　　　　　　　149 380
　　贷：租赁负债——租赁付款额（100 000×4）　　400 000

税务处理：

承租人甲公司办公场所的租赁期为10年。本例涉及的税收有：

（1）增值税。若交易双方均属于一般纳税人，针对办公场所的租赁，乙公司应按不动产租赁税目进行增值税处理。若该租赁属于经营租赁，其销售额为向承租人甲公司收取的租金和价外费用。其中，如果该办公场所是2016年4月30日前取得的，可以选择适用简易计税方法，按5%的征收率计算应纳税额（不在同一县（市、区）的，先预缴（增值税＝含税销售额÷(1＋5%)×5%）再申报纳税），也可以适用一般计税方法（不在同一县（市、区）的，先预缴（增值税＝含税销售额÷(1＋9%)×3%）再申报纳税）。若该租赁属于融资租赁（假设属于经批准从事融资租赁业务的纳税人），其销售额为向承租人甲公司收取的全部价款和价外费用扣除支付的融资利息后的余额。其中，一般纳税人 2016 年 4 月 30 日前签订的不动产融资租赁合同或以 2016 年 4 月 30 日前取得的不动产提供的融资租赁服务，可以选择适用简易计税方法，按 5% 的征收率计算缴纳增值税（应纳增值税＝含税销售额÷(1＋5%)×5%）（财税〔2016〕47号）。出租人乙公司若采用一般计税方法，应向承租人甲公司开具税率为 9% 的增值税专用发票。出租人乙公司若采用简易计税方法，应向承租人甲公司开具征收率为 5% 的增值税普通发票。

(2) 企业所得税。承租人甲公司在租赁开始日需要判断该租赁是融资租赁还是经营租赁。

1) 若为融资租赁，则在租赁期开始日的计税基础为租赁合同约定的租金（100 000×10）再加上签订租赁合同过程中发生的相关费用（本例中为 0），即 1 000 000 元。以融资租赁方式租入固定资产发生的租赁费支出，按照规定构成融资租入固定资产价值的部分应当提取折旧费用（本例中为管理费用），分期扣除（若办公场所的残值为 0，则每年税前可以扣除的金额为 100 000 元（(1 000 000－0)/10））。若为经营租赁，以经营租赁方式租入固定资产发生的租赁费支出（每年为 100 000 元），按照租赁期限（本例中为 10 年）均匀扣除。

2) 第 7 年年初，租赁变更生效。税法上不需要按会计的方法对租赁负债进行重新计量。若为融资租赁，在第 7 年年初的计税基础为 800 000 元（即 100 000×8），原融资租入固定资产在第 7 年年初的计税基础为 400 000 元（即 100 000×4），原租赁负债的计税基础也为400 000元（即100 000×4）。租赁变更生效日，税务处理用会计的语言表述如下：

借：固定资产——融资租入固定资产（800 000－400 000）
　　　　　　　　　　　　　　　　　　　　　　　　400 000
　　贷：长期应付款——应付融资租赁款　　　　　400 000

若为经营租赁，以租赁变更之后实际发生的租赁费支出（每年为100 000元），按照剩余租赁期限（第7～14年）均匀扣除。

(3) 印花税。承租人甲公司与出租人乙公司之间签订的有关办公场所的合同属于租赁合同，对于租赁合同，如果属于经营租赁合同，应按合同所载租金总额（不含增值税）的1‰计算缴纳印花税（100 000×10×1‰）；如果属于融资租赁合同，则按合同所载租金总额（不含增值税）的0.05‰计算缴纳印花税（100 000×10×0.05‰）。

(4) 房产税。乙公司出租办公场所收取的租金，应按租金收入的12%计算缴纳房产税（每年为100 000×12%），房产税作为税金及附加可以在企业所得税税前全额扣除。

此外，出租人还涉及城市维护建设税（市区7%、县城及建制镇5%、其他地区1%）、教育费附加（3%）和地方教育附加（2%），计税依据为当期实际缴纳的增值税和消费税。

六、短期租赁和低价值资产租赁

对于短期租赁和低价值资产租赁，承租人可以选择不确认使用权资产和租赁负债。

租赁付款额在租赁期内各个期间按照直线法或其他系统、合理的方法（能够更好地反映受益模式）计入相关资产成本或当期损益。

税务处理：税法并无短期租赁和低价值租赁的概念，会计上的短期租赁和低价值租赁对应于税法中的经营租赁。对经营租赁而言，租赁付款额在租赁期内各个期间按直线法均匀计入相关资产成本或费用，在税前均匀扣除。

（一）短期租赁

短期租赁，是指在租赁期开始日，租赁期<u>不超过 12 个月的租赁</u>。包含购买选择权的租赁不属于短期租赁。

> 📢 **特别提示**
>
> 短期租赁：租赁期不超过 12 个月且不含购买选择权的租赁。

对于短期租赁，承租人可以按照租赁资产的类别做出采用简化会计处理的选择。如果承租人对某类租赁资产（即企业运营中具有类似性质和用途的一组租赁资产）<u>做出了简化会计处理</u>的选择，未来该类资产下<u>所有的短期租赁</u>都应采用简化会计处理。

采用简化会计处理的短期租赁发生租赁变更或者租赁期发生变化的，承租人应当将其视为一项新租赁，重新按照上述原则判断该项新租赁是否可以选择简化会计处理。

> 📢 **特别提示**
> 新租赁：简化处理下短期租赁发生租赁变更或租赁期变化。

【例 3-24】 承租人与出租人签订了一份租赁合同，约定不可撤销期间为 9 个月，且承租人拥有 4 个月的续租选择权。

会计处理：

在租赁期开始日，承租人判断可以合理确定将行使续租选择权，因为续租期的月租赁付款额明显低于市场价格。在此情况下，承租人确定租赁期为 13 个月，不属于短期租赁，承租人不能选择上述简化会计处理。

税务处理：

税法上认可的承租人的租赁期为 9 个月，不包括续租选择权涵盖的期间。税法中的租赁类型分为融资租赁和经营租赁，无会计中短期租赁的简化处理。会计中的短期租赁一般属于税法中的经营租赁。承租人支付的租赁费支出，按照租赁期限均匀扣除。因此，与会计处理存在差异。

（二）低价值资产租赁

低价值资产租赁，是指单项租赁资产为<u>全新资产时价值较低</u>的租赁。

承租人在判断是否为低价值资产租赁时，应基于租赁资产的全新状态下的价值进行评估，不应考虑资产已使用的年限。

> **特别提示**
> 低价值租赁：单项全新租赁资产价值较低，价值评估基于全新状态，不考虑已使用年限。

对于低价值资产租赁，承租人可根据每项租赁的具体情况做出简化会计处理选择。低价值资产同时应满足下列规定：只有承租人能够从单独使用该低价值资产或将其与承租人易于获得的其他资源一起使用中获利，且该项资产与其他租赁资产没有高度依赖或高度关联关系时，才能对该资产租赁选择进行简化会计处理。但是，如果承租人已经或者预期要把相关资产进行转租赁，则不能将原租赁按照低价值资产租赁进行简化会计处理。

> **特别提示1**
> 低价值资产租赁进行简化会计处理的条件：单独使用或与易于获取的其他资源一并使用获利＋与其他租赁资产无高度依赖或关联。

> **特别提示2**
> 租赁资产预期转租赁，不能进行简化会计处理。

低价值资产租赁的标准应该是一个绝对金额，即仅与<u>资产全新状态下的绝对价值有关</u>，不受承租人规模、性质等影响，也不考虑该资产对于承租人或相关租赁交易的重要性。常见的低价值资产的例子包括平板电脑、普通办公家具、电话等小型资产。

> 📢 **特别提示1**
> 低价值资产租赁的标准：绝对金额（低于4万元），不考虑重要性。

> 📢 **特别提示2**
> 低价值资产租赁与未来购入时能否确认固定资产无关。

【例3-25】 承租人与出租人签订了一份租赁合同，约定的租赁资产包括：(1) IT设备，包括供员工个人使用的笔记本电脑、台式电脑、平板电脑、打印机和手机等；(2) 服务器，其中包括增加服务器容量的单独组件，这些组件根据承租人需要陆续添加到大型服务器以增加服务器存储容量；(3) 办公家具，如桌椅和办公隔断等；(4) 饮水机。

通常，笔记本电脑全新时的单独价格不超过人民币10 000元，台式电脑、平板电脑、打印机和手机全新时的单独价格不超过人民币5 000元，普通办公家具的单独价格不超过人民币10 000元，饮水机的单独价格不超过人民币1 000元，服务器单个组件的单独价格不超过人民币10 000元。

会计处理：

上述租赁资产中，各种IT设备、办公家具、饮水机都能够单独使承租人获益，且与其他租赁资产没有高度依赖或高度关联关系。通常情况下，符合低价值资产租赁的资产全新状态下的绝对价值应低于人民币 40 000 元。本例中，承租人将 IT 设备、办公家具、饮水机作为低价值租赁资产，选择按照简化方法进行会计处理。对于服务器中的组件，尽管单个组件的单独价格较低，但由于每个组件都与服务器中的其他部分高度相关，承租人若不租赁服务器就不会租赁这些组件，不构成单独的租赁部分，因此不能作为低价值租赁资产进行简化会计处理。

税务处理：

税法上并无低价值资产租赁的概念。税法中的租赁类型分为融资租赁和经营租赁。低价值资产租赁一般属于经营租赁。承租人支付的租赁费支出，按照租赁期限均匀扣除。因此，与会计处理存在差异。

第四章
出租人的会计处理与税务处理

本章思维导图

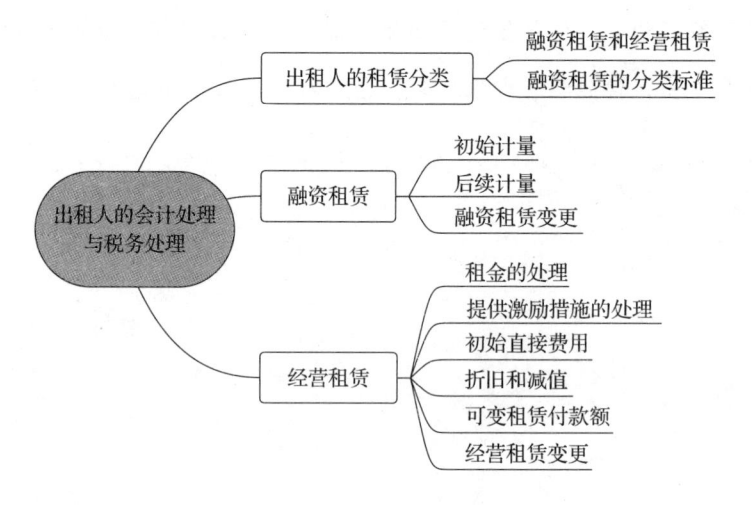

出租人的会计处理与税务处理
- 出租人的租赁分类
  - 融资租赁和经营租赁
  - 融资租赁的分类标准
- 融资租赁
  - 初始计量
  - 后续计量
  - 融资租赁变更
- 经营租赁
  - 租金的处理
  - 提供激励措施的处理
  - 初始直接费用
  - 折旧和减值
  - 可变租赁付款额
  - 经营租赁变更

一、出租人的租赁分类

（一）融资租赁和经营租赁

出租人应当<u>在租赁开始日</u>将租赁<u>分为融资租赁和经营租赁</u>。

1. 融资租赁

一项租赁<u>实质上转移了</u>与租赁资产所有权有关的<u>几乎全部风险和报酬</u>，出租人应当将该项租赁<u>分类为融资租赁</u>。风险包括由于生产能力的闲置或技术陈旧可能造成的损失，以及由于经济状况的改变可能造成的回报变动。报酬可以表现为在租赁资产的预期经济寿命期间经营的盈利以及因增值或残值变现可能产生的利得。

2. 经营租赁

出租人应当将除融资租赁以外的其他租赁分类为经营租赁。

> **特别提示**
>
> 租赁分类的标准：实质上转移与租赁资产所有权有关的风险和报酬。
>
> 风险：损失＋回报变动。
>
> 报酬：租赁资产的经营盈利＋增值或残值变现利得。

租赁开始日后，除非发生租赁变更，出租人无须对租赁的分类进行重新评估。

> **特别提示**
>
> 租赁开始日与租赁期开始日之间租赁合同发生特定变化对租赁分类的影响，视为在租赁开始日已发生。

（二）融资租赁的分类标准

一项租赁存在下列一种或多种情形的，<u>通常分类为融资租赁</u>：

（1）在<u>租赁期届满</u>时，租赁资产的<u>所有权转移给承租人</u>。

> 📢 **特别提示**
> 租赁开始日可以合理判断，租赁期满所有权转移给承租人。

（2）承租人有<u>购买租赁资产的选择权</u>，所订立的购买价款预计将<u>远低于</u>行使选择权时租赁资产的公允价值，因而在租赁开始日就<u>可以合理确定承租人将行使该选择权</u>。

> 📢 **特别提示**
> 这一条实际是第（1）条"所有权转移"的逻辑延伸，因为行权将导致所有权转移。

（3）虽然资产的所有权不转移，但租赁期占租赁资产使用寿命的大部分。实务中，这里的"大部分"一般指<u>租赁期占租赁开始日租赁资产使用寿命的75%以上（含75%）</u>。

> 📢 **特别提示**
> 不适用于租赁前已使用年限超过全新使用年限75%以上的旧资产。

（4）在租赁开始日，租赁收款额的现值几乎相当于租赁资产的公允价值。这里的"几乎相当于"通常掌握在90%以上。

（5）租赁资产性质特殊，如果不做较大改造，只有承租人才能使用。

> **特别提示**
> 上述五个条件可以简记为：所有权转移/优惠购买选择权/租赁期占使用寿命比达75%及以上/收款额的现值占公允价值比达90%及以上/特殊性。
>
> 核心要点：所有权转移/两个比例/特殊性。

一项租赁存在下列一个或多个迹象的，也可能分类为融资租赁：

（1）若承租人撤销租赁，撤销租赁对出租人造成的损失由承租人承担。

（2）资产余值的公允价值波动所产生的利得或损失归属于承租人。如租赁结束时，出租人以相当于资产销售收益的绝大部分金额作为对租金的退还，说明承租人承担了租赁资产余值的几乎所有风险和报酬。

（3）承租人有能力以远低于市场水平的租金继续租赁至下一期间。

> **特别提示**
> 可能分类为融资租赁的迹象：撤销租赁引发的损失由承租人

> 承担/资产余值 FV 波动的利得或损失归承租人/续租选择权行权价远低于市场水平。

税务处理：税法将租赁分为融资租赁和经营租赁，前者是指具有融资性质和所有权转移特点的租赁活动，后者是指在约定时间内将有形动产或者不动产转让他人使用且租赁物所有权不变更的业务活动。但是，税法中并无融资租赁和经营租赁的具体判断标准，实务中与会计基本保持一致。

二、融资租赁

（一）初始计量

在<u>租赁期开始日</u>，出租人应当对融资租赁<u>确认应收融资租赁款</u>，并<u>终止确认融资租赁资产</u>。出租人对应收融资租赁款进行初始计量时，应当以<u>租赁投资净额</u>作为<u>应收融资租赁款的入账价值</u>。

借：<u>应收融资租赁款</u>（租赁投资净额）

贷：<u>融资租赁资产</u>（账面价值）

资产处置损益（倒挤）

<u>租赁投资净额</u>为<u>未担保余值</u>和租赁期开始日尚未收到的<u>租赁收款额</u>按照租赁内含利率折现的<u>现值之和</u>。

第四章 出租人的会计处理与税务处理

> **特别提示**
> 租赁投资净额=(未担保余值+租赁收款额)的现值。

<u>租赁内含利率</u>,是指使出租人的<u>租赁收款额的现值与未担保余值的现值之和</u>(即租赁投资净额)<u>等于租赁资产公允价值与出租人的初始直接费用之和</u>的利率。

> **特别提示**
> 租赁内含利率的测算是站在出租人的立场来考虑的,遵循租赁期开始日:
>
> 出租人的付出=出租人的获取
>
> 租赁资产FV + 初始直接费用 = (租赁收款额 + 未担保余值)的现值
>
> 租赁投资净额=租赁资产FV+初始直接费用

下面对比说明租赁收款额和租赁付款额的五项内容,如表4-1所示。

表4-1

承租人	出租人
<u>租赁付款额</u>,是指<u>承租人</u>向出租人支付的与在租赁期内使用租赁资产的权利相关的款项。包括以下五项内容:	租赁收款额,是指<u>出租人</u>因让渡在租赁期内使用租赁资产的权利而应向承租人收取的款项,包括以下五项内容:
(1) <u>固定付款额及实质固定付款额</u>,存在租赁激励的,<u>扣除租赁激励</u>相关金额。	(1) 承租人需支付的<u>固定付款额及实质固定付款额</u>。存在租赁激励的,应当<u>扣除租赁激励</u>相关金额。 与承租人基本相同。

续表

承租人	出租人
(2) 取决于指数或比率的可变租赁付款额。可变租赁付款额，是指承租人为取得在租赁期内使用租赁资产的权利，而向出租人支付的因租赁期开始日后的事实或情况发生变化（而非时间推移）而变动的款项。	(2) 取决于指数或比率的可变租赁付款额。该款项在初始计量时根据租赁期开始日的指数或比率确定。 与承租人基本相同。
(3) 购买选择权的行权价格，前提是承租人合理确定将行使该选择权。	(3) 购买选择权的行权价格，前提是合理确定承租人将行使该选择权。 与承租人基本相同。
(4) 行使终止租赁选择权需支付的款项，前提是租赁期反映出承租人将行使终止租赁选择权。	(4) 承租人行使终止租赁选择权需支付的款项，前提是租赁期反映出承租人将行使终止租赁选择权。 与承租人基本相同。
(5) 根据承租人提供的担保余值预计应支付的款项。	(5) 由承租人、与承租人有关的一方以及有经济能力履行担保义务的独立第三方向出租人提供的担保余值。 与承租人不同，多了两项内容。
租赁负债="租赁负债——租赁付款额"－"租赁负债——未确认融资费用"	应收融资租赁款＝租赁投资净额＝未担保余值现值＋租赁收款额现值＝租赁资产公允价值＋出租人初始直接费用＝"应收融资租赁款——租赁收款额"－"应收融资租赁款——未实现融资收益"＋"应收融资租赁款——未担保余值"

特别提示

租赁收款额 ＝ 固定付款额（扣除租赁激励） ＋ 可变租赁付款额（取决于指数或比率） ＋ 购买选择权行权价格（合理确定） ＋ 终止租赁选择权支付款项（将行使） ＋ 担保余值

税务处理：企业所得税中并无租赁收款额的相关规定，根据税法相关原则，结合会计准则的规定，本书认为，出租人的租赁收款额的计税基础包括：承租人支付的固定付款额，扣减确定享受的租赁奖励相关金额，以及由<u>承租人</u>、<u>与承租人有关的一方</u>以及有经济能力履行担保义务的<u>独立第三方</u>向出租人提供的担保余值。不包括承租人不能确定享受的租赁激励金额、取决于指数或比率的可变租赁付款额、租赁期满承租人购买选择权的行权价格以及可能终止租赁支付的罚款。出租人承担的初始直接费用在发生的年度允许税前扣除。

若某融资租赁合同必须以收到租赁保证金为生效条件，会计处理如下。

（1）出租人收到承租人交来的租赁保证金：

借：银行存款

贷：<u>其他应收款——租赁保证金</u>

（2）承租人到期不交租金，<u>以保证金抵作租金时</u>：

借：其他应收款——租赁保证金

贷：<u>应收融资租赁款</u>

（3）承租人违约，按租赁合同或协议规定<u>没收保证金时</u>：

借：其他应收款——租赁保证金

贷：<u>营业外收入</u>

税务处理：与会计处理相同。

【例 4-1】 2×19 年 12 月 1 日，甲公司与乙公司签订了一份租赁合同，从乙公司租入塑钢机一台。租赁合同主要条款如下：

(1) 租赁资产：全新塑钢机。

(2) 租赁期开始日：2×20 年 1 月 1 日。

(3) 租赁期：2×20 年 1 月 1 日—2×25 年 12 月 31 日，共 72 个月。

(4) 固定租金支付：自 2×20 年 1 月 1 日，每年年末支付租金 160 000 元。如果甲公司能够在每年年末的最后一天及时付款，则给予减少租金 10 000 元的奖励。

(5) 取决于指数或比率的可变租赁付款额：租赁期限内，如遇中国人民银行贷款基准利率调整时，出租人将对租赁利率做出同方向、同幅度的调整。基准利率调整日之前各期和调整日当期租金不变，从下一期租金开始按调整后的租金金额收取。

(6) 租赁开始日租赁资产的公允价值：该机器在 2×19 年 12 月 31 日的公允价值为 700 000 元，账面价值为 600 000 元。

(7) 初始直接费用：签订租赁合同过程中乙公司发生可归属于租赁项目的手续费、佣金 10 000 元。

(8) 承租人的购买选择权：租赁期届满时，甲公司享有优惠购买该机器的选择权，购买价为 20 000 元，估计该日租赁资产的公允价值为 80 000 元。

(9) 取决于租赁资产绩效的可变租赁付款额：2×21 年和 2×22 年两年，甲公司每年按该机器所生产的产品——塑钢窗户的年销售收入的 5% 向乙公司支付。

第四章 出租人的会计处理与税务处理

(10) 承租人的终止租赁选择权：甲公司享有终止租赁选择权。在租赁期间，如果甲公司终止租赁，需支付的款项为剩余租赁期间的固定租金支付金额。

(11) 担保余值和未担保余值均为 0。

(12) 全新塑钢机的使用寿命为 7 年。

会计处理：

出租人乙公司的会计处理如下。

第一步，判断租赁类型。

本例存在优惠购买选择权，优惠购买价 20 000 元远低于行使选择权日租赁资产的公允价值 80 000 元，因此在 2×19 年 12 月 31 日就可合理确定甲公司将会行使这种选择权。另外，在本例中，租赁期 6 年，占租赁开始日租赁资产使用寿命的 86%（占租赁资产使用寿命的大部分）。同时，乙公司综合考虑其他各种情形和迹象，认为该租赁实质上转移了与该项设备所有权有关的几乎全部风险和报酬，因此将这项租赁认定为融资租赁。

第二步，确定租赁收款额。

(1) 承租人的固定付款额为考虑扣除租赁激励后的金额。

$$(160\ 000 - 10\ 000) \times 6 = 900\ 000(元)$$

(2) 取决于指数或比率的可变租赁付款额。该款项在初始计量时根据租赁期开始日的指数或比率确定，因此本例中在租赁期开始日不做考虑。

(3) 承租人购买选择权的行权价格。租赁期届满时，甲公司享有优惠购买该机器的选择权，购买价为 20 000 元，估计该日租赁资产的公允价值为 80 000 元。优惠购买价 20 000 元远低于行使选择权日租赁资产的公允价值，因此在 2×19 年 12 月 31 日就可合理确定甲公司将会行使这种选择权。

结论：租赁付款额中应包括承租人购买选择权的行权价格 20 000 元。

(4) 终止租赁的罚款。虽然甲公司享有终止租赁选择权，但若终止租赁，甲公司需支付的款项为剩余租赁期间的固定租金支付金额。

结论：根据上述条款，可以合理确定甲公司不会行使终止租赁选择权。

(5) 由承租人向出租人提供的担保余值：甲公司向乙公司提供的担保余值为 0 元。

综上所述，租赁收款额为：

900 000＋20 000＝920 000（元）

第三步，确认租赁投资总额。

$$\frac{租赁投资}{总额} = \frac{在融资租赁下出租人}{应收的租赁收款额} + \frac{未担保}{余值}$$

本例中租赁投资总额＝920 000＋0＝920 000（元）。

第四步，确认租赁投资净额的金额和未实现融资收益。

$$租赁投资净额 = 租赁资产在租赁期开始日公允价值\ 700\ 000 + 出租人发生的初始直接费用\ 10\ 000$$

$$= 710\ 000(元)$$

未实现融资收益 = 租赁投资总额 − 租赁投资净额

$$= 920\ 000 - 710\ 000 = 210\ 000(元)$$

第五步,计算租赁内含利率。

租赁内含利率是使租赁投资总额的现值(即租赁投资净额)等于租赁资产在租赁开始日的公允价值与出租人的初始直接费用之和的利率。

本例中列出公式 $150\ 000 \times (P/A, r, 6) + 20\ 000 \times (P/F, r, 6) = 710\ 000$(元),计算得到租赁的内含利率为 7.82%。

第六步,账务处理。

2×20年1月1日:

借:应收融资租赁款——租赁收款额 920 000(租赁收款额)

贷:银行存款　　　　　　　　　10 000(初始直接费用)

融资租赁资产　　　　　　　600 000(账面价值)

资产处置损益　　　　　　　100 000(倒挤)

应收融资租赁款——未实现融资收益

210 000(租赁投资总额−租赁投资净额)

税务处理:

税法认可出租人乙公司将租赁划分为融资租赁。《实施条例》第十九条规定,租金收入是指企业提供固定资产、包装物或者其他有形资产的使用权取得的收入。租金收入，按照合同约定的承租人应付租金的日期确认收入的实现。《关于贯彻落实企业所得税法若干税收问题的通知》（国税函〔2010〕79号）第一条规定，如果交易合同或协议中规定租赁期限跨年度，且租金提前一次性支付的，根据《实施条例》第九条规定的收入与费用配比原则，出租人可对上述已确认的收入，在租赁期内，分期均匀计入相关年度收入。出租方如为在我国境内设有机构场所且采取据实申报缴纳企业所得的非居民企业，也按本条规定执行。

本例中，税法上的租赁收款额包括：每年的固定租金160 000元，扣减每年年末确定及时付款要享受的租金奖励10 000元，租赁期满合理确定承租人行使购买选择权支付20 000元，以及承租人提供的担保余值0元。不包括承租人取决于指数或比率的可变租赁付款额以及可能终止租赁支付的罚款。总计的租赁收款额为920 000元（即（160 000－10 000）×6＋20 000）。该租赁付款额按合同约定确定收入。同时，根据配比原则，按与确认收入相同的基础分期扣除融资租赁资产的成本。出租人承担的初始直接费用计入应收融资租赁款的计税基础。

（二）后续计量

出租人应当按照固定的周期性利率（即租赁内含利率）计算并确认租赁期内各个期间的利息收入。

> **📢 特别提示 1**
> 在初始计量时,应当采用租赁期开始日的指数或比率进行初始计量。无论是纳入承租人租赁负债还是出租人租赁投资净额的可变租赁付款额,<u>只包含取决于指数或比率的可变租赁付款额</u>。之后支付或取得的可变租赁付款额,如与资产的<u>未来绩效或使用情况挂钩</u>的可变租赁付款额,应当在实际发生时<u>计入当期损益</u>(承租人一般确认为费用,出租人一般确认为收益)。

> **📢 特别提示 2**
> 出租人应定期复核计算租赁投资总额时所使用的未担保余值。若预计未担保余值降低,出租人应修改租赁期内的收益分配,并立即确认预计的减少额。

> **📢 特别提示 3**
> 租赁业务适用准则的范围:
> 出租人:经营出租建筑物土地使用权,适用投资性房地产准则;经营或融资租赁动产,适用租赁准则。
> 承租人:适用租赁准则。

税务处理:出租人租赁收入的确认规则有:《实施条例》第十九条规定,租金收入是指企业提供固定资产、包装物或者其他有形资产的使用权取得的收入。租金收入,按照合同约定的承租人应付租金的日期确认收入的实现。《关于贯彻落实企业所得税法若干税收问题的通知》(国税函〔2010〕79号)第一条规定,如果交易合同或协议中规定租赁期限跨年度,且租金提前一次性支付的,根据《实施条例》第九条规定的收入与费用配比原则,出租人可对上述已确认的收入,在租赁期内,分期均匀计入相关年度收入。出租方如为在我国境内设有机构场所且采取据实申报缴纳企业所得的非居民企业,也按本条规定执行。上述规定说明,企业所得税中租金收入的确认强调按合同或协议约定的付款日期来处理。

【例4-2】 沿用例4-1,以下说明出租人如何确认计量租赁期内各期间的利息收入。

会计处理:

第一步,计算租赁期内各期间的利息收入,如表4-2所示。

表4-2　　　　　　　　　　　　　　　　　单位:元

日期 ①	租金 ②	确认的利息收入 ③=期初④×7.82%	租赁投资净额余额 期末④=期初④-②+③
2×20年1月1日			710 000
2×20年12月31日	150 000	55 522	615 522
2×21年12月31日	150 000	48 134	513 656
2×22年12月31日	150 000	40 168	403 824
2×23年12月31日	150 000	31 579	285 403
2×24年12月31日	150 000	22 319	157 722
2×25年12月31日	150 000	12 278*	20 000
2×25年12月31日	20 000		
合计	920 000	210 000	

注:*作尾数调整,150 000+20 000-157 722=12 278(元)。

第二步，会计分录如下。

2×20 年 12 月 31 日收到第一期租金时：

 借：银行存款   150 000

  贷：应收融资租赁款——租赁收款额   150 000

 借：应收融资租赁款——未实现融资收益   55 522

  贷：租赁收入   55 522

2×21 年 12 月 31 日收到第二期租金时：

 借：银行存款   150 000

  贷：应收融资租赁款——租赁收款额   150 000

 借：应收融资租赁款——未实现融资收益   48 134

  贷：租赁收入   48 134

2022—2025 年年末的处理与上述处理类同，确认租赁收入的金额按表 4—2 中"确认的利息收入"列对应的数字处理即可。

税务处理：出租人的租金收入按照合同约定的承租人应付租金的日期确认收入的实现。本例中，税务上 2×20 年至 2×25 年年末分期按 150 000 元确认收入。税务处理用会计的语言表述如下。

2×20 年 12 月 31 日收到第一期租金时：

 借：银行存款   150 000

  贷：租赁收入   150 000

 借：主营业务成本（600 000/6）   100 000

  贷：融资租赁资产   100 000

2×21 年 12 月 31 日收到第二期租金：

借：银行存款　　　　　　　　　　　　　　　150 000
　　贷：租赁收入　　　　　　　　　　　　　　　150 000
借：主营业务成本（600 000/6）　　　　　　　100 000
　　贷：融资租赁资产　　　　　　　　　　　　　100 000

2022—2025年年末的处理与上述处理类同，确认租赁收入的金额均为150 000元。

除了企业所得税外，本例涉及的税收还有：

（1）增值税。塑钢机属于有形动产，出租人乙公司属于提供有形动产租赁服务。该租赁属于融资租赁（假设属于经批准从事融资租赁业务的纳税人），其销售额为向承租人甲公司收取的全部价款和价外费用扣除支付的融资利息后的余额。在租赁双方均为一般纳税人的情况下，出租人乙公司需要向承租人甲公司开具税率为13%的增值税专用发票。

（2）印花税。双方签订的租赁合同属于融资租赁合同，应按合同所载租金总额（不含增值税）的0.05‰计算缴纳印花税（160 000×6×0.05‰）。

此外，出租人乙公司还涉及城市维护建设税（市区7%，县城及建制镇5%，其他地区1%）、教育费附加（3%）和地方教育附加（2%），计税依据为当期实际缴纳的增值税和消费税。

【例4-3】沿用例4-1，假设2×21年和2×22年，甲公司分别实现塑钢窗户年销售收入1 000 000和1 500 000元。根据租赁合同，乙公司2×21年和2×22年应向甲公司收取的与销售收入挂钩的租金分别为 50 000 元和 75 000 元。

会计处理：

2×21 年：

借：银行存款（或应收账款） 50 000

　　贷：租赁收入 50 000

2×22 年：

借：银行存款（或应收账款） 75 000

　　贷：租赁收入 75 000

税务处理：

企业所得税处理与会计处理保持一致。

本例除了企业所得税之外，收取的可变租金还涉及的税收有增值税，出租人乙公司在收取租金时，需要向承租人甲公司开具 13% 的增值税专用发票。此外，出租人乙公司收取的可变租金还涉及城市维护建设税（市区 7%，县城及建制镇 5%，其他地区 1%）、教育费附加（3%）和地方教育附加（2%），计税依据为当期实际缴纳的增值税和消费税。

【例 4-4】 沿用例 4-1，租赁期届满时的处理——承租人行使购买权。

会计处理：

借：银行存款 20 000

　　贷：应收融资租赁款——租赁收款额 20 000

税务处理：

税法不认可额外购买选择权的确认方法。本例中，甲公司应按销售塑钢机处理。其税务处理可用会计语言表述如下：

借：银行存款　　　　　　　　　　　　　　　　　20 000
　　贷：其他业务收入（20 000/(1+13%))　　　　17 699.12
　　　　应交税费——应交增值税（销项税额）　　2 300.88

若税务机关不认可含税销售额 20 000 元，则按租赁期满日塑钢机的含税公允价值 80 000 元处理。

（三）融资租赁变更

1. 租赁变更作为一项单独租赁处理

融资租赁发生变更且<u>同时符合</u>下列条件的，出租人应当将该变更<u>作为一项单独租赁</u>进行会计处理：

（1）该变更通过增加一项或多项租赁资产的使用权而<u>扩大了租赁范围或延长了租赁期限</u>；

（2）增加的对价与租赁范围扩大部分或租赁期限延长部分的单独价格按该合同情况<u>调整后的金额</u>相当。

> 📢 **特别提示1**
>
> 作为单独租赁处理的条件：增加一项或多项租赁资产使用权（扩大租赁范围或延长租赁期限）＋对价反映单独售价。

第四章 出租人的会计处理与税务处理　193

📢 **特别提示2**

与承租人的会计处理完全一致。

【例4-5】 承租人就某套机器设备与出租人签订了一份为期5年的租赁合同，构成融资租赁。在第2年年初，承租人和出租人同意对原租赁进行修改，再增加1套机器设备用于租赁，租赁期也为5年。扩租的设备从第2年第二季度末可供承租人使用。租赁总对价的增加额与新增的该套机器设备的当前出租市价扣减相关折扣相当。其中，折扣反映了出租人节约的成本，即若将同样设备租赁给新租户出租人会发生的成本，如营销成本等。

会计处理：

此情况下，该变更通过增加一项或多项租赁资产的使用权而扩大了租赁范围，增加的对价与租赁范围扩大部分的单独价格按该合同情况调整后的金额相当，应将该变更作为一项新的租赁。

税务处理：

税法上认可会计作为一项新的租赁认定标准。出租人将该新租赁作为一项单独的租赁进行税务处理。

2. 租赁变更未作为一项单独租赁处理——被分类为经营租赁

如果融资租赁的变更未作为一项单独租赁进行会计处理，且满足假如变更在租赁开始日生效，该租赁会被分类为经营租赁条件的，出租人应当自租赁变更生效日开始将其作为一项新租赁进行会计处理，并以租赁变更生效日前的租赁投资净额作为租赁资产（如固定资产）的账面价值。

【例 4-6】承租人就某套机器设备与出租人签订了一份为期 5 年的租赁合同，构成融资租赁。合同规定，每年年末承租人向出租人支付租金 10 000 元，租赁期开始日，出租资产公允价值为 37 908 元。按照公式 $10\,000\times(P/A, r, 5)=37\,908$（元），计算得出租赁内含利率为 10%，租赁收款额为 50 000 元，未确认融资收益为 12 092 元。在第 2 年年初，承租人和出租人同意对原租赁进行修改，缩短租赁期限到第 3 年年末，每年支付租金的时点不变，租金总额从 50 000 元变更到 33 000 元。假设本例中不涉及未担保余值、担保余值、终止租赁罚款等。

会计处理：

本例中，如果原租赁期限设定为 3 年，在租赁开始日，租赁类别被分类为经营租赁，那么，在租赁变更生效日，即第 2 年年初，出租人将租赁投资净额的余额 31 699 元（37 908＋37 908×10%－10 000）作为该套机器设备的入账价值，并从第 2 年年初开始，作为一项新的经营租赁（2 年租赁期，每年年末收取租金 11 500 元）进行会计处理。

第 2 年年初会计分录如下：

借：固定资产　　　　　　　　　　　　　　　　31 699

　　应收融资租赁款——未确认融资收益（12 092－37 908×10%）　　　　　　　　　　　　　　　　8 301

　贷：应收融资租赁款——租赁收款额（50 000－10 000）

　　　　　　　　　　　　　　　　　　　　　　40 000

第四章　出租人的会计处理与税务处理

税务处理：

用会计语言表述如下。

第 1 年年末：

 借：银行存款　　　　　　　　　　　　　　　　　　10 000

  贷：租赁收入　　　　　　　　　　　　　　　　　　10 000

 借：主营业务成本（计税基础/5）

  贷：融资租赁资产（计税基础/5）

第 2 年年初，分类为经营租赁，冲减原税前扣除的成本：

 借：固定资产（计税基础－计税基础/5）

  贷：融资租赁资产（计税基础－计税基础/5）

第 2 年年末：

 借：银行存款　　　　　　　　　　　　　　　　　　11 500

  贷：租赁收入　　　　　　　　　　　　　　　　　　11 500

 借：主营业务成本等（计提税务认可的折旧额）

  贷：累计折旧（计提税务认可的折旧额）

除了企业所得税外，本例涉及的税收还有：

（1）增值税。机器设备属于有形动产，出租人属于提供有形动产租赁服务。若该租赁属于经营租赁，其销售额为向承租人甲公司收取的租金和价外费用（本例中租赁变更后为每年 11 500 元）；若该租赁属于融资租赁（假设属于经批准从事融资租赁业务的纳税人），其销售额为向承租人甲公司收取的全部价款和价外费用扣除支付的融资利息后的余额（本例中变更前为每年 10 000 元）。在租赁双方均为一般纳税人的情况下，出租人需要向承租人甲公司开具税率为13%的增值税专用发票。

(2) 印花税。双方签订的租赁合同如果属于经营租赁合同，应按合同所载租金总额（不含增值税）的1‰计算缴纳印花税（本例若在原合同上修改合同，使得合同金额变小，且没有重新签订合同的，则不需要缴纳）；如果属于融资租赁合同，则按合同所载租金总额（不含增值税）的0.05‰计算缴纳印花税（10 000×5×0.05‰）。

此外，出租人乙公司还涉及城市维护建设税（市区7%，县城及建制镇5%，其他地区1%）、教育费附加（3%）和地方教育附加（2%），计税依据为当期实际缴纳的增值税和消费税。

3. 租赁变更未作为一项单独租赁处理——被分类为融资租赁

如果融资租赁的变更未作为一项单独租赁进行会计处理，且满足<u>假如变更在租赁开始日生效</u>，该租赁会被分类为融资租赁条件的，出租人应按修改或重新议定租赁合同的规定进行会计处理。未导致应收融资租赁款终止确认，但<u>导致未来现金流量发生变化</u>的，应当<u>重新计算（按原折现率）</u>该<u>应收融资租赁款</u>的账面余额，并将相关<u>利得或损失计入当期损益（如租赁收入）</u>。

对于修改或重新议定租赁合同所产生的所有成本和费用，计入修改后的应收融资租赁款的账面价值。

【例4-7】 承租人就某套机器设备与出租人签订了一份为期5年的租赁合同，构成融资租赁。合同规定，每年年末承租人向出租人支付租金10 000元，租赁期开始日租赁资产公允价值为37 908

元,如例 4-6,租赁内含利率 10%。在第 2 年年初,承租人和出租人由于设备适用性等原因同意对原租赁进行修改,从第 2 年开始,每年支付租金额变为 9 500 元,租金总额从 50 000 元变更到 48 000 元。

会计处理:

如果此付款变更在租赁开始日生效,租赁类别仍被分类为融资租赁,那么,在租赁变更生效日——第 2 年年初,按原租赁内含利率 10% 重新计算租赁投资净额为 30 114 元(9 500×(P/A, 10%, 4)),与原租赁投资净额账面余额 31 699 元(37 908+37 908×10%－10 000)的差额 1 585 元(其中"应收融资租赁款——租赁收款额"减少 2 000 元,"应收融资租赁款——未确认融资收益"减少 415 元)计入当期损益。

第 2 年年初会计分录如下:

借:租赁收入 1 585
　　应收融资租赁款——未确认融资收益 415
　贷:应收融资租赁款——租赁收款额 2 000

税务处理:

本例涉及的税收有:

(1)增值税。机器设备属于有形动产,出租人属于提供有形动产租赁服务。该租赁属于融资租赁(假设属于经批准从事融资租赁业务的纳税人),其销售额为向承租人甲公司收取的全部价款和价外费用扣除支付的融资利息后的余额(本例中变更前为每年 10 000 元,变更后为每年9 500元)。在租赁双方均为一般纳税人的情况下,出租人需要向承租人甲公司开具税率为13%的增值税专用发票。

(2) 企业所得税(用会计语言表述)。

第1年年末:

 借:银行存款   10 000

  贷:租赁收入   10 000

 借:主营业务成本(计税基础/5)

  贷:融资租赁资产(计税基础/5)

第2年年初:

不需要进行处理。

第2年年末:

 借:银行存款   9 500

  贷:租赁收入   9 500

 借:主营业务成本(计税基础/5)

  贷:融资租赁资产(计税基础/5)

(3) 印花税。双方签订的租赁合同属于融资租赁合同,应按合同所载租金总额(不含增值税)的0.05‰计算缴纳印花税(10 000×5×0.05‰)。

此外,出租人乙公司还涉及城市维护建设税(市区7%,县城及建制镇5%,其他地区1%)、教育费附加(3%)和地方教育附加(2%),计税依据为当期实际缴纳的增值税和消费税。

三、经营租赁

（一）租金的处理

在租赁期内各个期间，出租人应采用<u>直线法</u>或者<u>其他系统、合理的方法</u>，将经营租赁的<u>租赁收款额确认为租金收入</u>。如果其他系统、合理的方法能够更好地反映因使用租赁资产所产生经济利益的消耗模式的，则出租人应采用该方法。

税务处理：出租人的租金收入按合同约定计入收入总额，租金提前一次性支付的，在租赁期内直线法分摊计入各期收入总额。即税法只认可直线法，同时租赁收款额只认可确定的收款额，与会计处理存在一定的差异。

（二）提供激励措施的处理

出租人提供免租期的，出租人应将<u>租金总额</u>在<u>不扣除免租期的整个租赁期</u>内，按直线法或其他合理的方法进行分配，<u>免租期</u>内应<u>当确认租金收入</u>。<u>出租人承担了承租人某些费用</u>的，出租人应将该费用自<u>租金收入总额中扣除</u>，按扣除后的租金收入余额在租赁期内进行分配。

税务处理：除分配方法只能为直线法之外，其他与会计处理保持一致。

（三）初始直接费用

出租人发生的与经营租赁有关的初始直接费用应当资本化为租赁标的资产的成本，在租赁期内按照与租金收入相同的确认基础分期计入当期损益。

税务处理：出租人发生的初始直接费用在发生当期允许税前扣除。

（四）折旧和减值

对于经营租赁资产中的固定资产，出租人应当采用类似资产的折旧政策计提折旧；对于其他经营租赁资产，应当根据该资产适用的企业会计准则，采用系统、合理的方法进行摊销。出租人应当按照《企业会计准则第8号——资产减值》的规定，确定经营租赁资产是否发生减值，并对已识别的减值损失进行会计处理。

税务处理：经营租赁中的固定资产折旧与会计处理基本相同，但一般只认可直线法计提折旧。税法不认可经营租赁资产计提的减值，要做纳税调增处理。

（五）可变租赁付款额

出租人取得的与经营租赁有关的可变租赁付款额，如果是与指数或比率挂钩的，应在租赁期开始日计入租赁收款额；除此之外的，应当在实际发生时计入当期损益。

税务处理：税法不认可可变租赁付款额，出租人在可变付款额实际发生时计入收入总额。

（六）经营租赁变更

经营租赁发生变更的，出租人应自<u>变更生效日</u>开始，将其作为一项<u>新的租赁</u>进行会计处理，与变更前租赁有关的预收或应收租赁收款额视为新租赁的收款额。

税务处理：与会计处理保持一致。

第五章
特殊租赁业务的会计处理与税务处理

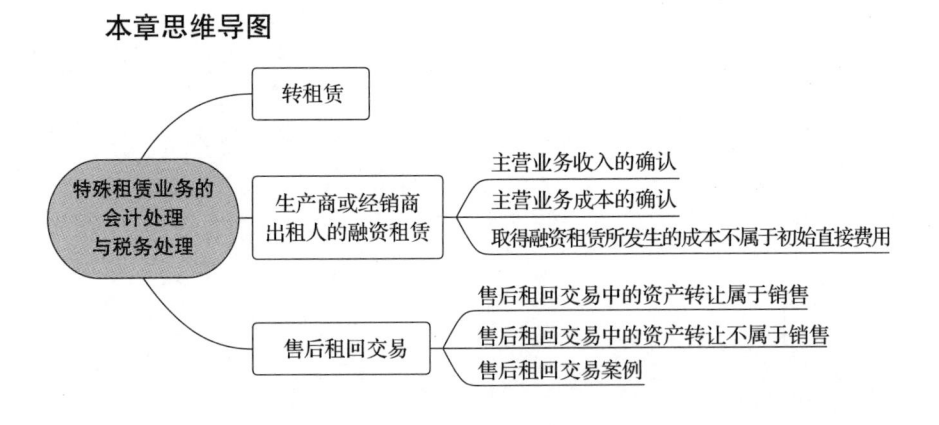

本章思维导图

特殊租赁业务的会计处理与税务处理
- 转租赁
- 生产商或经销商出租人的融资租赁
  - 主营业务收入的确认
  - 主营业务成本的确认
  - 取得融资租赁所发生的成本不属于初始直接费用
- 售后租回交易
  - 售后租回交易中的资产转让属于销售
  - 售后租回交易中的资产转让不属于销售
  - 售后租回交易案例

一、转租赁

转租情况下，原租赁合同和转租赁合同通常都是<u>单独协商</u>的，交易对手也是不同的企业，准则要求转租出租人对原租赁合同和转租赁合同<u>分别</u>根据<u>承租人</u>和<u>出租人</u>会计处理要求，进行会计处理。

承租人在对转租赁进行分类时，<u>转租出租人应基于原租赁中产</u>

生的使用权资产,而不是租赁资产(如作为租赁对象的不动产或设备)进行分类。原租赁资产不归转租出租人所有,原租赁资产也未计入其资产负债表。因此,转租出租人应基于其控制的资产(即使用权资产)进行会计处理。

原租赁为短期租赁,且转租出租人作为承租人已经按照租赁准则采用简化会计处理的,应将转租赁分类为经营租赁。

> **📢 特别提示**
>
> 转租赁要点如下:
> (1) 原租赁合同和转租赁合同分别处理;
> (2) 转租出租人基于其控制的使用权资产进行处理;
> (3) 原采用简化会计处理的短期租赁,转租赁按经营租赁处理。

税务处理:承租人首先要在租赁开始日将原租赁合同划分为融资租赁或经营租赁。

(1) 对于融资租赁而言,在租赁期开始日,承租人要确认融租租入固定资产的计税基础(租赁合同约定的付款额+支付的相关税费)、应支付的租赁负债和已经支付的相关税费。每年年末,融资租入固定资产需要计提折旧,同时支付租赁费。

转租时,若转租属于融资租赁,承租人要将原租赁中融资租入固定资产作为处置处理,转租时点融资租入固定资产的计税基础与租赁负债计税基础之间的差额计入收入总额。转租当年及后续年度年末,承租人支付租赁费(记入"其他业务成本"等科目,允许税前扣除),同时按转租赁合同约定确认转租收入。

转租时,若转租属于经营租赁,承租人不需要进行税务处理,转租当年及后续年度年末,承租人继续对原租赁中融资租入固定资产计提折旧、支付租赁费,同时按转租赁合同约定确认转租收入。

(2)对于经营租赁而言,支付的租金在租赁期均匀扣除。转租时,因为原租赁属于经营租赁,说明转租赁并未实质转移与该租赁资产(注:非使用权资产)有关的几乎全部风险和报酬,承租人应将转租赁分类为经营租赁。

转租时,不需要进行处理。转租当年及后续年度年末,承租人支付租赁费(记入"其他业务成本"等科目,允许税前扣除),同时按转租赁合同约定确认转租收入。

可见,与会计处理存在差异。

【例5-1】甲企业(原租赁承租人)与乙企业(原租赁出租人)就5 000平方米办公场所签订了一份为期5年的租赁合同(原租赁)。在第3年年初,甲企业将该5 000平方米办公场所转租给丙企业,期限为原租赁的剩余3年时间(转租赁)。假设不考虑初始直接费用。

会计处理:

甲企业应基于原租赁形成的使用权资产对转租赁进行分类。本例中,转租赁的期限覆盖了原租赁的所有剩余期限,综合考虑其他因素,甲企业判断其实质上转移了与该项使用权资产有关的几乎全部风险和报酬，甲企业将该项转租赁分类为融资租赁。

甲企业的具体会计处理为：

（1）终止确认与原租赁相关且转给丙企业（转租承租人）的使用权资产，并确认转租赁投资净额。

（2）将使用权资产与转租赁投资净额之间的差额确认为损益。

借：应收融资租赁款——租赁收款额（租赁收款额）

  使用权资产累计折旧

贷：使用权资产

  资产处置损益

  应收融资租赁款——未实现融资收益（租赁投资总额－租赁投资净额）

（3）在资产负债表中保留原租赁的租赁负债，该负债代表应付原租赁出租人的租赁付款额。在转租期间，中间出租人既要确认转租赁的融资收益，也要确认原租赁的利息费用。

借：财务费用

贷：租赁负债——未确认融资费用

借：应收融资租赁款——未实现融资收益

贷：租赁收入

税务处理：

（1）对于原租赁而言，承租人企业在租赁开始日要划分租赁的类型。若该租赁属于融资租赁，则要按租赁合同约定的付款总额和签订租赁合同过程中发生的相关税费确定融资租入固定资产的计税基础。后续支付的租赁费开支通过固定资产折旧分期扣除。在第 3 年年初,将剩余租赁期为 3 年的原租赁转租给丙企业。

1)甲企业属于转租赁的出租人,若实质上转移了与该租赁资产(办公楼)有关的几乎全部风险和报酬,甲企业将该转租赁分类为融资租赁。甲企业的税务处理如下(用会计的语言表述)。

租赁期开始日:

　　借:固定资产——融资租入固定资产(合同约定的租赁付款额+支付的相关税费)

　　贷:长期应付款——应付融资租赁款(合同约定的租赁付款额)

　　　　银行存款(支付的相关税费)

第 1 年年末,若残值为 0,则:

　　借:管理费用等(计税基础/5)

　　　贷:累计折旧

　　借:长期应付款——应付融资租赁款(当年支付的租金)

　　　贷:银行存款

第 2 年年末,若残值为 0,则:

　　借:管理费用等(计税基础/5)

　　　贷:累计折旧

　　借:长期应付款——应付融资租赁款(当年支付的租金)

　　　贷:银行存款

第 3 年年初,确认转租赁,冲减固定资产和长期应付款的计税基础（原因是：甲企业属于转租赁中融资租赁的出租人，丙企业属于转租赁中融资租赁的承租人，甲企业需要冲减融资租赁资产的计税基础，丙企业需要确认融资租赁资产并计提折旧）：

借：长期应付款——应付融资租赁款（租赁付款额－已付租金）

　　累计折旧（（计税基础/5)×2)

　　资产处置损益（差额）

　贷：固定资产——融资租入固定资产（计税基础）

第3年年末：

借：银行存款（转租租金收入）

　贷：其他业务收入等

借：其他业务成本等（支付原租赁费）

　贷：银行存款

第4~5年年末同第3年年末。

2）甲企业属于转租赁的出租人，若实质上并未转移与该租赁资产（办公楼）有关的几乎全部风险和报酬，甲企业将该转租赁分类为经营租赁。甲企业的税务处理如下（用会计的语言表述）。

租赁期开始日：

借：固定资产——融资租入固定资产（合同约定的租赁付款额＋支付的相关税费）

　贷：长期应付款——应付融资租赁款（合同约定的租赁付款额）

　　　银行存款（支付的相关税费）

第1年年末，若残值为0，则：

　　借：管理费用（计税基础/5）

　　　　贷：累计折旧

　　借：长期应付款——应付融资租赁款（当年支付的租金）

　　　　贷：银行存款

第2年年末，若残值为0，则：

　　借：管理费用（计税基础/5）

　　　　贷：累计折旧

　　借：长期应付款——应付融资租赁款（当年支付的租金）

　　　　贷：银行存款

第3年年初：

不需要进行会计处理。

第3年年末，若残值为0，则：

　　借：长期应付款——应付融资租赁款（支付原租赁费）

　　　　贷：银行存款

　　借：银行存款（转租租金收入）

　　　　贷：其他业务收入等

　　借：其他业务成本等（计税基础/5，因已用于转租而非用于办公）

　　　　贷：累计折旧

第4~5年年末同第3年年末。

（2）对于原租赁而言，承租人企业在租赁开始日要划分租赁的类型。若该租赁属于经营租赁，则支付的租金在租赁期均匀扣除。在第3年年初，将剩余租赁期为3年的原租赁转租给丙企业。甲企业属于转租赁的出租人，因为原租赁属于经营租赁，说明转租赁并未实质转移与该租赁资产（办公楼）有关的几乎全部风险和报酬，甲企业将该转租赁分类为经营租赁。

租赁期开始日：

不需要进行处理。

第1年年末：

 借：管理费用等（支付原租赁费）

  贷：银行存款

第2年年末：

 借：管理费用等（支付原租赁费）

  贷：银行存款

第3年年初：

不需要进行处理。

第3年年末：

 借：银行存款（转租租金收入）

  贷：其他业务收入等

 借：其他业务成本等（支付原租赁费）

  贷：银行存款

第4～5年年末同第3年年末。

除了企业所得税，本例涉及的税收还有：

(1) 增值税。若交易双方均属于一般纳税人，针对办公场所的租赁（转租赁），出租人乙企业（转租人甲企业）应按不动产租赁税目进行增值税处理。若该租赁（转租赁）属于经营租赁，其销售额为向承租人甲企业（转租赁承租人丙企业）收取的租金和价外费用。其中，如果该办公场所是2016年4月30日前取得的，可以选择适用简易计税方法，按5%的征收率计算应纳税额（不在同一县（市、区）的，先预缴（增值税＝含税销售额÷(1＋5%)×5%）再申报纳税），也可以适用一般计税方法（不在同一县（市、区）的，先预缴（增值税＝含税销售额÷(1＋9%)×3%）再申报纳税）。若该租赁（转租赁）属于融资租赁（假设属于经批准从事融资租赁业务的纳税人），其销售额为向承租人甲企业（转租赁承租人丙企业）收取的全部价款和价外费用扣除支付的融资利息后的余额。其中，一般纳税人2016年4月30日前签订的不动产融资租赁合同或以2016年4月30日前取得的不动产提供的融资租赁服务，可以选择适用简易计税方法，按5%的征收率计算缴纳增值税（应纳增值税＝含税销售额÷(1＋5%)×5%）（财税〔2016〕47号）。出租人乙企业（转租人甲企业）若采用一般计税方法，应向承租人甲企业（转租赁承租人丙企业）开具税率为9%的增值税专用发票。出租人乙企业（转租人甲企业）若采用简易计税方法，应向承租人甲企业（转租赁承租人丙企业）开具征收率为5%的增值税普通发票。

(2) 印花税。承租人甲企业（转租赁承租人丙企业）与出租人乙企业（转租人甲企业）之间签订的有关办公场所的合同属于租赁合同，如果属于经营租赁合同，应按合同所载租金总额（不含增值税）的1‰计算缴纳印花税；如果属于融资租赁合同，则按合同所载租金总额（不含增值税）的0.05‰计算缴纳印花税。

（3）房产税。出租人乙企业出租办公场所收取的租金，应按租金收入的12%计算缴纳房产税，房产税作为税金及附加可以在企业所得税税前全额扣除。转租赁出租人甲企业收取的租金不涉及房产税。

此外，出租人乙企业（转租人甲企业）还涉及城市维护建设税（市区7%，县城及建制镇5%，其他地区1%）、教育费附加（3%）和地方教育附加（2%），计税依据为当期实际缴纳的增值税和消费税。

【例5-2】 甲企业（原租赁承租人）与乙企业（原租赁出租人）就5000平方米办公场所签订了一份为期5年的租赁合同（原租赁）。在原租赁的租赁期开始日，甲企业将该5000平方米办公场所转租给丙企业，期限为2年（转租赁）。

会计处理：

甲企业基于原租赁形成的使用权资产对转租赁进行分类，考虑各种因素后，将其分类为经营租赁。签订转租赁合同时，中间出租人在其资产负债表中继续保留与原租赁相关的租赁负债和使用权资产。在转租期间，甲企业：（1）确认使用权资产的折旧费用和租赁负债的利息；（2）确认转租赁的租赁收入。

税务处理：

（1）对于原租赁而言，承租人甲企业在租赁开始日要划分租赁的类型。若原租赁属于融资租赁，则要按租赁合同约定的付款总额和签订租赁合同过程中发生的相关税费确定融资租入固定资产的计税基础。后续支付的租赁费开支通过固定资产折旧分期扣除。在租赁期开始日，甲企业将原租赁转租给丙企业。

1）甲企业属于转租赁的出租人，若实质上转移了与该租赁资产（办公楼）有关的几乎全部风险和报酬，甲企业将该转租赁分类为融资租赁。

甲企业的所得税处理可以用会计语言表述如下。

租赁期开始日，确认原租赁：

借：固定资产——融资租入固定资产（合同约定的租赁付款额＋支付的相关税费）

贷：长期应付款——应付融资租赁款（合同约定的租赁付款额）

银行存款（支付的相关税费）

租赁期开始日，确认转租赁：

借：长期应付款——应付融资租赁款（合同约定的两年租赁付款额）

资产处置损益（差额）

贷：固定资产——融资租入固定资产（计税基础/5×2）

（注：租赁期开始日，确认原租赁和转租赁之后，固定资产和长期应付款计税基础的金额就是转租之后未来3年需要处理的金额。）

第1年年末：

借：银行存款（转租租金收入）

贷：其他业务收入等

　　借：其他业务成本等（支付原租赁费）

　　　贷：银行存款

第2年年末：

　　借：银行存款（转租租金收入）

　　　贷：其他业务收入等

　　借：其他业务成本等（支付原租赁费）

　　　贷：银行存款

第3年年末，若残值为0，则：

　　借：管理费用等（第2年年末固定资产的计税基础/3）

　　　贷：累计折旧

　　借：长期应付款——应付融资租赁款（当年支付的原租赁租金）

　　　贷：银行存款

第4~5年年末同第3年年末。

2) 甲企业属于转租赁的出租人，若实质上并未转移与该租赁资产（办公楼）有关的几乎全部风险和报酬，甲企业将该转租赁分类为经营租赁。

租赁期开始日：

　　借：固定资产——融资租入固定资产（合同约定的租赁付款额＋支付的相关税费）

　　　贷：长期应付款——应付融资租赁款（合同约定的租赁付款额）

银行存款（支付的相关税费）

第1年年末，若残值为0，则：

借：长期应付款——应付融资租赁款（支付原租赁费）

贷：银行存款

借：银行存款（转租租金收入）

贷：其他业务收入等

借：其他业务成本等（计税基础/5）

贷：累计折旧

第2年年末，若残值为0，则：

借：长期应付款——应付融资租赁款（支付原租赁费）

贷：银行存款

借：银行存款（转租租金收入）

贷：其他业务收入等

借：其他业务成本等（计税基础/5）

贷：累计折旧

第3年年末，若残值为0，则：

借：长期应付款——应付融资租赁款（当年支付的原租赁租金）

贷：银行存款

借：管理费用等（计税基础/5）

贷：累计折旧

第4~5年年末同第3年年末。

(2) 对于原租赁而言，承租人甲企业在租赁开始日要划分租赁的类型。若原租赁属于经营租赁，则支付的租金在租赁期均匀扣除。在租赁期开始日，甲企业将原租赁转租给丙企业。甲企业属于转租赁的出租人，因为原租赁属于经营租赁，说明转租赁并未实质转移与该租赁资产（办公楼）有关的几乎全部风险和报酬，甲企业将该转租赁分类为经营租赁。

租赁期开始日：

不需要进行处理。

第1年年末：

 借：银行存款（转租租金收入）

  贷：其他业务收入等

 借：其他业务成本等（支付原租赁费）

  贷：银行存款

第2年年末：

 借：银行存款（转租租金收入）

  贷：其他业务收入等

 借：其他业务成本等（支付原租赁费）

  贷：银行存款

第3年年末：

 借：管理费用等（支付原租赁费）

  贷：银行存款

第4～5年年末同第3年年末。

除了企业所得税，本例涉及的税收还有：

(1) 增值税。若交易双方均属于一般纳税人，针对办公场所的租赁（转租赁），出租人乙企业（转租人甲企业）应按不动产租赁税目进行增值税处理。若该租赁（转租赁）属于经营租赁，其销售额为向承租人甲企业（转租赁承租人丙企业）收取的租金和价外费用。其中，如果该办公场所是2016年4月30日前取得的，可以选择适用简易计税方法，按5%的征收率计算应纳税额（不在同一县（市、区）的，先预缴（增值税＝含税销售额÷(1＋5%)×5%）再申报纳税），也可以适用一般计税方法（不在同一县（市、区）的，先预缴（增值税＝含税销售额÷(1＋9%)×3%）再申报纳税）。若该租赁（转租赁）属于融资租赁（假设属于经批准从事融资租赁业务的纳税人），其销售额为向承租人甲企业（转租赁承租人丙企业）收取的全部价款和价外费用扣除支付的融资利息后的余额。其中，一般纳税人2016年4月30日前签订的不动产融资租赁合同或以2016年4月30日前取得的不动产提供的融资租赁服务，可以选择适用简易计税方法，按5%的征收率计算缴纳增值税（应纳增值税＝含税销售额÷(1＋5%)×5%）（财税〔2016〕47号）。出租人乙企业（转租人甲企业）若采用一般计税方法，应向承租人甲企业（转租赁承租人丙企业）开具税率为9%的增值税专用发票。出租人乙企业（转租人甲企业）若采用简易计税方法，应向承租人甲企业（转租赁承租人丙企业）开具征收率为5%的增值税普通发票。

(2) 印花税。承租人甲企业（转租赁承租人丙企业）与出租人乙企业（转租人甲企业）之间签订的有关办公场所的合同属于租赁合同，如果属于经营租赁合同，应按合同所载租金总额（不含增值税）的 1‰计算缴纳印花税；如果属于融资租赁合同，则按合同所载租金总额（不含增值税）的 0.05‰计算缴纳印花税。

（3）房产税。出租人乙企业出租办公场所收取的租金，应按租金收入的 12%计算缴纳房产税，房产税作为税金及附加可以在企业所得税税前全额扣除。转租赁出租人甲企业收取的租金不涉及房产税。

此外，出租人乙企业（转租人甲企业）还涉及城市维护建设税（市区 7%，县城及建制镇 5%，其他地区 1%）、教育费附加（3%）和地方教育附加（2%），计税依据为当期实际缴纳的增值税和消费税。

二、生产商或经销商出租人的融资租赁

生产商或经销商通常为客户提供购买或租赁其产品或商品的选择。如果生产商或经销商出租其产品或商品构成融资租赁，则该交易产生的损益应相当于按照考虑适用的交易量或商业折扣后的正常售价直接销售标的资产所产生的损益。

> **特别提示**
>
> 规则的制定是考虑了生产商或经销商提供购买或租赁选择时需要获得几乎等量的收益。

（一）主营业务收入的确认

在租赁期开始日应当按照<u>租赁资产公允价值</u>与<u>租赁收款额按市场利率折现的现值</u>两者孰低确认收入。

> 📢 **特别提示 1**
>
> 孰低规则体现了谨慎性原则。

> 📢 **特别提示 2**
>
> 若确定营业收入和租赁投资净额（即应收融资租赁款）时，是基于租赁资产的公允价值，出租人需要根据租赁收款额、未担保余值和租赁资产公允价值重新计算租赁内含利率。

> 📢 **特别提示 3**
>
> 为吸引客户，生产商或经销商出租人有时以较低利率报价。为了防范使用该利率使在租赁期开始日确认的收入偏高，应限制为采用市场利率处理。

（二）主营业务成本的确认

按照<u>租赁资产账面价值扣除未担保余值的现值后的余额结转销售成本</u>。

> 📢 **特别提示**
> 因为未担保余值属于预计租赁期满租赁资产存在的价值,所以这部分不需要结转。

(三) 取得融资租赁所发生的成本不属于初始直接费用

由于<u>取得融资租赁所发生的成本</u>主要与生产商或经销商赚取的销售利得相关,生产商或经销商出租人应当在租赁期开始日将其<u>计入损益(销售费用)</u>。即与其他融资租赁出租人不同,生产商或经销商出租人取得融资租赁所发生的成本<u>不属于初始直接费用</u>,不计入租赁投资净额。

> 📢 **特别提示**
> 这部分开支发生在销售过程中为客户提供购买和租赁服务,计入销售费用更合适。

税务处理:税法上仍坚持按一般的融资租赁进行处理。出租人的租金收入,按照合同约定的承租人应付租金的日期确认收入的实现。如果交易合同或协议中规定租赁期限跨年度,且租金提前一次性支付的,根据《实施条例》第九条规定的权责发生制为原则,出租人可对上述已确认的收入,在租赁期内分期均匀计入相关年度收入。

【例 5-3】 甲公司是一家设备生产商,与乙公司(生产型企业)

签订了一份租赁合同,向乙公司出租所生产的设备,合同主要条款如下:

(1) 租赁资产:设备A;

(2) 租赁期:2×19年1月1日至2×21年12月31日,共3年;

(3) 租金支付:自2×19年起每年年末支付年租金1 000 000元;

(4) 租赁合同规定的利率:5%(年利率),与市场利率相同;

(5) 该设备在2×19年1月1日的公允价值为2 700 000元,账面价值为2 000 000元;

(6) 甲公司取得该租赁发生的相关成本为5 000元;

(7) 该设备于2×19年1月1日交付乙公司,预计使用寿命为8年,无残值。

租赁期届满时,乙公司可以100元购买该设备,预计租赁到期日该设备的公允价值不低于1 500 000元,乙公司对此金额提供担保;租赁期内该设备的保险、维修等费用均由乙公司自行承担。假设不考虑其他因素和各项税费影响。

会计处理:

第一步,判断租赁类型。本例中租赁期满乙公司可以远低于租赁到期日租赁资产公允价值的金额购买租赁资产,甲公司认为其可以合理确定乙公司将行使购买选择权,综合考虑其他因素,与该项资产所有权有关的几乎所有风险和报酬已实质转移给乙公司,因此甲公司将该租赁认定为融资租赁。

第二步，计算租赁期开始日租赁收款额按市场利率折现的现值，确定收入金额。

租赁收款额＝租金×期数＋购买价格
＝1 000 000×3＋100＝3 000 100(元)

租赁收款额按市场利率折现的现值＝1 000 000×(P/A,5%,3)
＋100×(P/F,5%,3)
＝2 723 286(元)

按照租赁资产公允价值与租赁收款额按市场利率折现的现值两者孰低的原则，确认收入为 2 700 000 元。

第三步，计算租赁资产账面价值扣除未担保余值的现值后的余额，确定销售成本金额。

销售成本＝账面价值－未担保余值的现值
＝2 000 000－0＝2 000 000(元)

第四步，会计分录如下。

2×19 年 1 月 1 日（租赁期开始日）：

借：应收融资租赁款——租赁收款额	3 000 100
贷：主营业务收入	2 700 000
应收融资租赁款——未实现融资收益	300 100
借：主营业务成本	2 000 000
贷：库存商品	2 000 000

借：销售费用　　　　　　　　　　　　　　　　5 000
　　贷：银行存款　　　　　　　　　　　　　　　　5 000

由于甲公司在确定营业收入和租赁投资净额（即应收融资租赁款）时，是基于租赁资产的公允价值，因此，甲公司需要根据租赁收款额、未担保余值和租赁资产公允价值重新计算租赁内含利率。

即 $1\,000\,000 \times (P/A, r, 3) + 100 \times (P/F, r, 3) = 2\,700\,000$（元），$r = 5.460\,6\% \approx 5.46\%$，计算租赁期内各期分摊的融资收益如表5-1所示。

表 5-1　　　　　　　　　　　　　　　　　　　　　　单位：元

日期	收取租赁款项①	确认的融资收入②=期初④×5.460 6%	应收租赁款减少额③=①-②	应收租赁款净额期末④=期初④-③
2×19年1月1日				2 700 000
2×19年12月31日	1 000 000	147 436	852 564	1 847 436
2×20年12月31日	1 000 000	100 881	899 119	948 317
2×21年12月31日	1 000 000	51 783*	948 217*	100
2×21年12月31日	100		100	
合计	3 000 100	300 100	2 700 000	

注：*作尾数调整：948 317-100=948 217（元）；1 000 000-948 217=51 783（元）。

2×19年12月31日会计分录：

借：应收融资租赁款——未实现融资收益　　　　147 436
　　贷：租赁收入　　　　　　　　　　　　　　　147 436
借：银行存款　　　　　　　　　　　　　　　1 000 000

第五章 特殊租赁业务的会计处理与税务处理

  贷：应收融资租赁款——租赁收款额   1 000 000

2×20 年 12 月 31 日和 2×21 年 12 月 31 日会计分录略。

税务处理：

  本例中按一般的融资租赁进行处理。税务处理可以用会计的语言表述如下。

  租赁期开始日取得租赁发生的相关费用：

  借：销售费用   5 000

    贷：银行存款   5 000

2×19 年 12 月 31 日收到第一期租金时：

  借：银行存款   1 000 000

    贷：主营业务收入   1 000 000

  借：主营业务成本（200 000/3）   66 666.67

    贷：库存商品   66 666.67

  2×20 年 12 月 31 日至 2×21 年 12 月 31 日收到租金的税务处理同上。

  2×21 年 12 月 31 日，承租人以 100 元购买该设备（若该金额得到税务认可[①]），出租人甲公司的处理如下：

  借：银行存款   100

    贷：主营业务收入   100

  本例除了企业所得税外，涉及的税收还有：

---

① 若税务不认可，则按公允价值 1 500 000 元确认收入。

(1) 增值税。设备属于有形动产,出租人甲公司属于提供有形动产租赁服务。该租赁属于融资租赁(假设属于经批准从事融资租赁业务的纳税人),其销售额为向承租人乙公司收取的全部价款和价外费用扣除支付的融资利息后的余额(每年为 1 000 000 元)。在租赁双方均为一般纳税人的情况下,出租人甲公司需要向承租人乙公司开具税率为 13% 的增值税专用发票。

(2) 印花税。双方签订的租赁合同属于融资租赁合同,应按合同所载租金总额(不含增值税)的 0.05‰ 计算缴纳印花税(1 000 000×3×0.05‰)。

此外,出租人甲公司还涉及城市维护建设税(市区 7%,县城及建制镇 5%,其他地区 1%)、教育费附加(3%)和地方教育附加(2%),计税依据为当期实际缴纳的增值税和消费税。

【例 5-4】 甲公司是一家设备生产商,与乙公司(生产型企业)签订了一份租赁合同,向乙公司出租所生产的设备,合同主要条款如下:

(1) 租赁资产:设备 A;

(2) 租赁期:2×19 年 1 月 1 日至 2×25 年 12 月 31 日,共 7 年;

(3) 租金支付:自 2×19 年起每年年末支付年租金 475 000 元;

(4) 租赁合同规定的利率:6%(年利率),与市场利率相同;

(5) 该设备在 2×19 年 1 月 1 日的公允价值为 2 700 000 元,账面价值为 2 000 000 元,甲公司认为租赁到期时该设备余值为 72 800

元,乙公司及其关联方未对余值提供担保;

(6) 甲公司取得该租赁发生的相关成本为 5 000 元;

(7) 该设备于 2×19 年 1 月 1 日交付乙公司,预计使用寿命为 7 年。

租赁期内该设备的保险、维修等费用均由乙公司自行承担。假设不考虑其他因素和各项税费影响。

会计处理:

第一步,判断租赁类型。本例中租赁期与租赁资产预计使用寿命一致,另外租赁收款额的现值为 2 651 600 元(计算过程见后),约为租赁资产公允价值的 98%,综合考虑其他因素,甲公司认为与该项资产所有权有关的几乎所有风险和报酬已实质转移给乙公司,所以将该租赁认定为融资租赁。

第二步,计算租赁期开始日租赁收款额按市场利率折现的现值,确定收入金额。

租赁收款额 = 租金 × 期数 = 475 000 × 7 = 3 325 000(元)

租赁收款额按市场利率折现的现值 = 475 000 × (P/A, 6%, 7) = 2 651 600(元)[①]

按照租赁资产公允价值与租赁收款额按市场利率折现的现值两者孰低的原则,确认收入为 2 651 600 元。

第三步,计算租赁资产账面价值扣除未担保余值的现值后的余

[①] 475 000 × (P/A, 6%, 7) = 2 651 640 (元),为便于计算,作尾数调整,取 2 651 600 元。

额，确定销售成本金额。

$$未担保余值的现值 = 72\,800 \times (P/F, 6\%, 7) = 48\,400(元)①$$

$$销售成本 = 账面价值 - 未担保余值的现值$$
$$= 2\,000\,000 - 48\,400 = 1\,951\,600(元)$$

第四步，会计分录如下。

2×19年1月1日（租赁期开始日）：

借：应收融资租赁款——租赁收款额	3 325 000
贷：主营业务收入	2 651 600
应收融资租赁款——未实现融资收益	673 400
借：主营业务成本	1 951 600
应收融资租赁款——未担保余值	72 800
贷：库存商品	2 000 000
应收融资租赁款——未实现融资收益	24 400
借：销售费用	5 000
贷：银行存款	5 000

由于甲公司在确定营业收入和租赁投资净额（即应收融资租赁款）时，是基于租赁收款额按市场利率折现的现值，因此，甲公司无须重新计算租赁内含利率。甲公司按上述折现率6%计算租赁期内各期分摊的融资收益，如表5-2所示。

---

① $72\,800 \times (P/F, 6\%, 7) = 48\,412$（元），为便于计算，作尾数调整，取48 400元。

第五章 特殊租赁业务的会计处理与税务处理 227

表 5 - 2   单位：元

日期	收取租赁款项 ①	确认的融资收入*②=期初④×6%	应收租赁款减少额 ③=①-②	应收租赁款净额期末 ④=期初④-③
2×19年1月1日				2 700 000**
2×19年12月31日	475 000	162 000	313 000	2 387 000
2×20年12月31日	475 000	143 220	331 780	2 055 220
2×21年12月31日	475 000	123 313	351 687	1 703 533
2×22年12月31日	475 000	102 212	372 788	1 330 745
2×23年12月31日	475 000	79 845	395 155	935 590
2×24年12月31日	475 000	56 135	418 865	516 725
2×25年12月31日	475 000	31 075***	443 925***	72 800
2×25年12月31日			72 800	
合计	3 325 000	697 800	2 700 000	

注：* 包括未实现融资收益的摊销和未担保余值产生的利息两部分。

** 2 700 000 为租赁期开始日应收融资租赁款的摊余成本（账面价值）。

*** 作尾数调整：516 725-72 800=443 925（元）（假定租赁资产余值估计一直未变）；475 000-443 925=31 075（元）。

2×19 年 12 月 31 日会计分录①：

借：应收融资租赁款——未实现融资收益　　　　　　162 000

　　贷：租赁收入　　　　　　　　　　　　　　　　162 000

借：银行存款　　　　　　　　　　　　　　　　　　475 000

　　贷：应收融资租赁款——租赁收款额　　　　　　475 000

2×20 至 2×24 年度会计分录略。

---

① 本书认为，本例中年末的处理，《〈企业会计准则第 21 号——租赁〉应用指南》（第 84 页）存在问题，经咨询专家进行了调整。

假设 2×25 年 12 月 31 日，乙公司到期归还租赁资产，甲公司将该资产处置，取得处置款 72 800 元，会计分录如下：

借：应收融资租赁款——未实现融资收益　　　31 075
　　贷：租赁收入　　　　　　　　　　　　　　31 075
借：银行存款　　　　　　　　　　　　　　　475 000
　　贷：应收融资租赁款——租赁收款额　　　475 000
借：融资租赁资产　　　　　　　　　　　　　72 800
　　贷：应收融资租赁款——未担保余值　　　72 800
借：银行存款　　　　　　　　　　　　　　　72 800
　　贷：融资租赁资产　　　　　　　　　　　72 800

税务处理：

本例中按一般的融资租赁进行处理。税务处理可以用会计的语言表述如下。

租赁期开始日，取得租赁发生的相关成本：

借：销售费用　　　　　　　　　　　　　　　5 000
　　贷：银行存款　　　　　　　　　　　　　5 000

2×19 年 12 月 31 日收到第一期租金时：

借：银行存款　　　　　　　　　　　　　　　475 000
　　贷：主营业务收入　　　　　　　　　　　475 000
借：主营业务成本（200 000/3）　　　　　　66 666.67
　　贷：库存商品　　　　　　　　　　　　　66 666.67

2×20 年 12 月 31 日至 2×25 年 12 月 31 日收到租金与上述处理

类同。

2×25 年 12 月 31 日，乙公司到期归还租赁资产，甲公司将该资产处置，取得处置款 72 800 元，出租人甲公司的处理如下：

借：银行存款　　　　　　　　　　　　　　　　　72 800

　　贷：主营业务收入　　　　　　　　　　　　　　72 800

本例除了企业所得税外，涉及的税收还有：

(1) 增值税。设备属于有形动产，出租人甲公司属于提供有形动产租赁服务。该租赁属于融资租赁（假设属于经批准从事融资租赁业务的纳税人），其销售额为向承租人乙公司收取的全部价款和价外费用扣除支付的融资利息后的余额（每年为 475 000 元）。在租赁双方均为一般纳税人的情况下，出租人甲公司需要向承租人乙公司开具税率为 13% 的增值税专用发票。

(2) 印花税。双方签订的租赁合同属于融资租赁合同，应按合同所载租金总额（不含增值税）的 0.05‰ 计算缴纳印花税（475 000 × 7 × 0.05‰）。

此外，出租人甲公司还涉及城市维护建设税（市区 7%、县城及建制镇 5%、其他地区 1%）、教育费附加（3%）和地方教育附加（2%），计税依据为当期实际缴纳的增值税和消费税。

三、售后租回交易

若企业（<u>卖方兼承租人</u>）将资产转让给其他企业（<u>买方兼出租</u>

人），并从买方兼出租人租回该项资产，则卖方兼承租人和买方兼出租人均应按照售后租回交易的规定进行会计处理。企业应当按照新收入准则的规定，评估确定售后租回交易中的资产转让是否属于销售，并区别进行会计处理。

如果承租人在资产转移给出租人之前已经取得对标的资产的控制，则该交易属于售后租回交易。然而，如果承租人未能在资产转移给出租人之前取得对标的资产的控制，那么即便承租人在资产转移给出租人之前先获得标的资产的法定所有权，该交易也不属于售后租回交易。

> 📢 **特别提示**
> 售后租回交易成立的前提是承租人在售出前拥有标的资产的控制权。

（一）售后租回交易中的资产转让属于销售

（1）卖方兼承租人应当按原资产账面价值中与租回获得的使用权有关的部分，计量售后租回所形成的使用权资产，并仅就转让至买方兼出租人的权利确认相关利得或损失。

（2）买方兼出租人根据其他适用的企业会计准则对资产购买进行会计处理，并根据租赁准则对资产出租进行会计处理。

如果销售对价的公允价值与资产的公允价值不同，或者出租人未按市场价格收取租金，企业应当进行以下调整：

(1) 销售对价低于市场价格的款项作为预付租金进行会计处理；

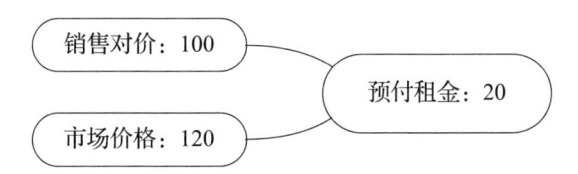

```
销售对价：100
市场价格：120        预付租金：20
```

(2) 销售对价高于市场价格的款项作为买方兼出租人向卖方兼承租人提供的额外融资进行会计处理。

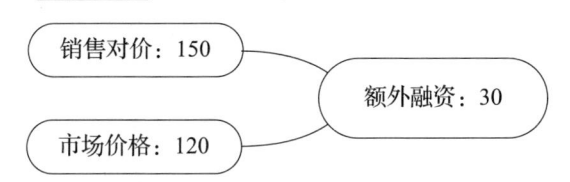

```
销售对价：150
市场价格：120        额外融资：30
```

同时，承租人按照公允价值调整相关销售利得或损失，出租人按市场价格调整租金收入。

在进行上述调整时，企业应当按以下二者中较易确定者进行：

(1) 销售对价的公允价值与资产的公允价值的差异；

(2) 合同付款额的现值与按市场租金计算的付款额的现值的差异。

（二）售后租回交易中的资产转让不属于销售

卖方兼承租人不终止确认所转让的资产，而应当将收到的现金作为金融负债，并按照新金融工具准则进行会计处理。买方兼出租人不确认被转让资产，而应当将支付的现金作为金融资产，并按照新金融工具准则进行会计处理。

售后租回交易会计处理规则如图 5-1 所示。

新租赁准则与税法差异分析

售后租回交易会计处理规则

- 资产转让属于销售
  - 卖方兼承租人
    - I. 原资产账面价值中与租回使用权有关部分确认使用权资产
    - II. 转让至买方兼出租人的权利确认为利得或损失
    - III. 销售对价小于市场价格：预付租金
    - IV. 销售对价高于市场价格：额外融资
    - V. 按公允价值调整销售利得或损失
  - 买方兼出租人
    - I. 对资产购买进行会计处理
    - II. 对资产出租进行会计处理
    - III. 按市场价格调整租金收入
- 资产转让不属于销售
  - 卖方兼承租人
    - 不终止确认转让资产，收取的现金作为金融负债
  - 买方兼出租人
    - 不确认被转让资产，支付的现金作为金融资产

图 5-1 售后租回交易会计处理规则

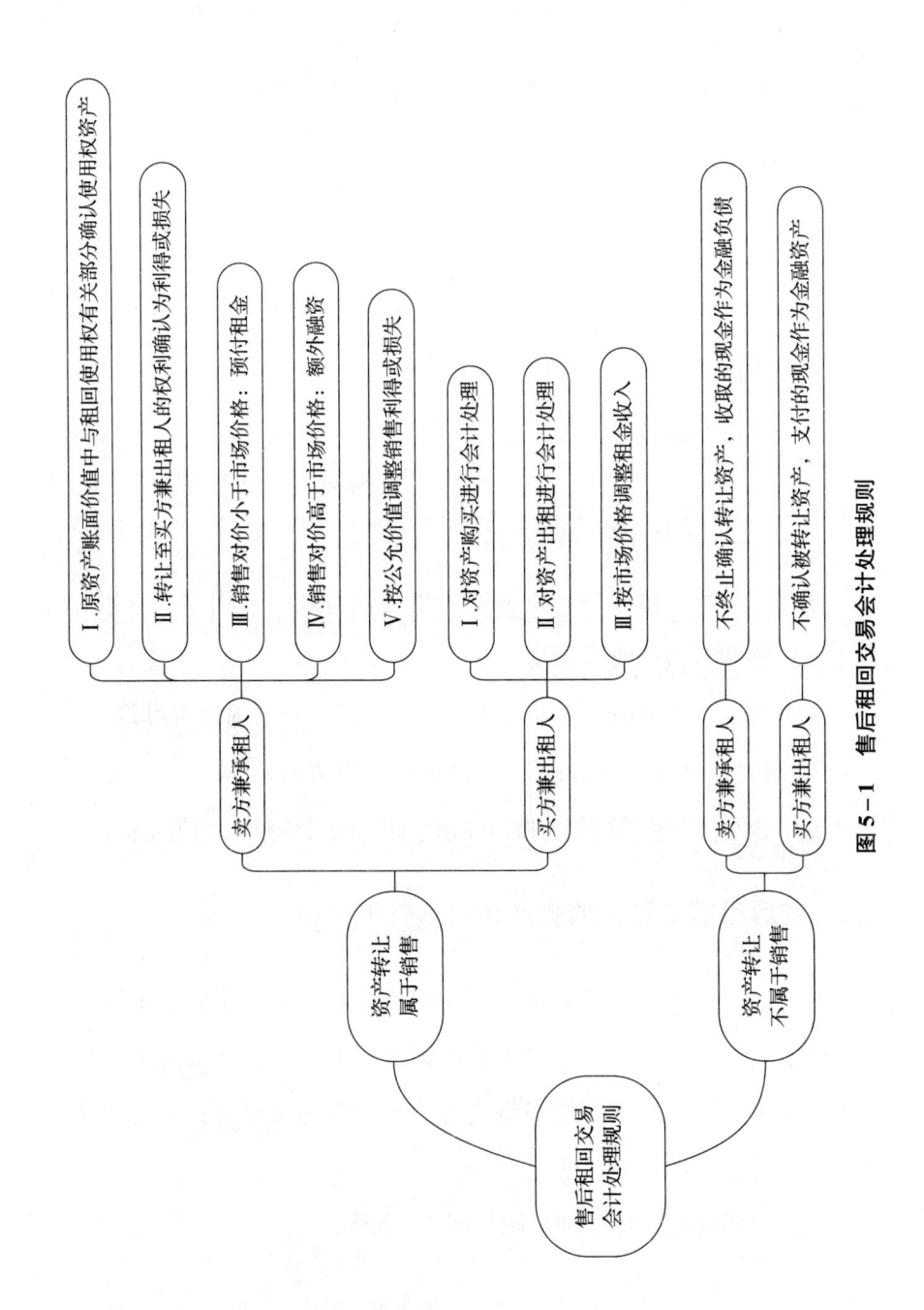

税务处理：对承租人而言，根据《关于融资性售后回租业务中承租方出售资产行为有关税收问题的公告》（国家税务总局公告2010年第13号），自2010年10月1日起，融资性售后回租业务的税务处理如下：

（1）融资性售后回租含义。融资性售后回租业务是指承租人以融资为目的将资产出售给经批准从事融资租赁业务的企业后，又将该项资产从该融资租赁企业租回的行为。融资性售后回租业务中承租人出售资产时，资产所有权以及与资产所有权有关的全部报酬和风险并未完全转移。

（2）增值税。根据现行增值税有关规定，融资性售后回租业务中承租人出售资产的行为，不属于增值税征收范围，不征收增值税。

（3）企业所得税。融资性售后回租业务中，承租人出售资产的行为，不确认为销售收入，对融资性租赁的资产，仍按承租人出售前原账面价值作为计税基础计提折旧。租赁期间，承租人支付的属于融资利息的部分，作为企业财务费用在税前扣除。

（4）印花税。对承租人因出售租赁资产及购回租赁资产所签订的合同，不征收印花税（财税〔2015〕144号）。

对出租人而言：

（1）增值税。融资性售后回租业务中出租人按贷款服务缴纳增值税，适用税率6%（财税〔2016〕36号附件1《营业税改征增值税试点实施办法》）。

根据《关于全面推开营业税改征增值税试点的通知》（财税

〔2016〕36号)中的附件2《营业税改征增值税试点有关事项的规定》:

1) 经人民银行、银保监会或者商务部批准从事融资租赁业务的试点纳税人,提供融资性售后回租服务,以取得的全部价款和价外费用(不含本金),扣除对外支付的借款利息(包括外汇借款和人民币借款利息)、发行债券利息后的余额作为销售额。

2) 试点纳税人根据2016年4月30日前签订的有形动产融资性售后回租合同,在合同到期前提供的有形动产融资性售后回租服务,可继续按照有形动产融资租赁服务缴纳增值税。

继续按照有形动产融资租赁服务缴纳增值税的试点纳税人,经人民银行、银保监会或者商务部批准从事融资租赁业务的,根据2016年4月30日前签订的有形动产融资性售后回租合同,在合同到期前提供的有形动产融资性售后回租服务,可以选择以下方法之一计算销售额:

第一,以向承租人收取的全部价款和价外费用,扣除向承租人收取的价款本金,以及对外支付的借款利息(包括外汇借款和人民币借款利息)、发行债券利息后的余额为销售额。

纳税人提供有形动产融资性售后回租服务,计算当期销售额时可以扣除的价款本金,为书面合同约定的当期应当收取的本金。无书面合同或者书面合同没有约定的,为当期实际收取的本金。

试点纳税人提供有形动产融资性售后回租服务,向承租人收取的有形动产价款本金,不得开具增值税专用发票,可以开具普通发票。

第二,以向承租人收取的全部价款和价外费用,扣除支付的借款利息(包括外汇借款和人民币借款利息)、发行债券利息后的余额为销售额。

3）经商务部授权的省级商务主管部门和国家经济技术开发区批准的从事融资租赁业务的试点纳税人，2016年5月1日后实收资本达到1.7亿元的，从达到标准的当月起按照上述第1）、2）条规定执行；2016年5月1日后实收资本未达到1.7亿元但注册资本达到1.7亿元的，在2016年7月31日前仍可按照上述第1）、2）条规定执行，2016年8月1日后开展的融资性售后回租业务不得按照上述第1）、2）条规定执行。

4）经人民银行、银保监会或者商务部批准从事融资租赁业务的试点纳税人中的一般纳税人，提供有形动产融资性售后回租服务，对其增值税实际税负（即纳税人当期提供应税服务实际缴纳的增值税额占纳税人当期提供应税服务取得的全部价款和价外费用的比例）超过3%的部分实行增值税即征即退政策。商务部授权的省级商务主管部门和国家经济技术开发区批准的从事融资租赁业务和融资性售后回租业务的试点纳税人中的一般纳税人，2016年5月1日后实收资本达到1.7亿元的，从达到标准的当月起按照上述规定执行；2016年5月1日后实收资本未达到1.7亿元但注册资本达到1.7亿元的，在2016年7月31日前仍可按照上述规定执行，2016年8月1日后开展的有形动产融资租赁业务和有形动产融资性售后回租业务不得按照上述规定执行（财税〔2016〕36号附件3）。

（2）企业所得税。因为租赁期间承租人支付的属于融资利息的部分，作为企业财务费用在税前扣除，所以出租人取得的收入属于利息收入。根据《实施条例》第十八条规定，利息收入按照合同约定的债务人应付利息的日期确认收入的实现。

（3）印花税。对出租人因出售租赁资产及购回租赁资产所签订的合同，不征收印花税。

（三）售后租回交易案例

1. 售后租回交易中的资产转让不属于销售

【例 5-5】 甲公司（卖方兼承租人）以货币资金 24 000 000 元的价格向乙公司（买方兼出租人）出售一栋建筑物，交易前该建筑物的账面原值为 24 000 000 元，累计折旧是 4 000 000 元。与此同时，甲公司与乙公司签订了合同，取得了该建筑物 18 年的使用权（全部剩余使用年限为 40 年），年租金为 2 000 000 元，于每年年末支付，租赁期满时，甲公司将以 100 元购买该建筑物。根据交易的条款和条件，甲公司转让建筑物不满足《企业会计准则第 14 号——收入》（2017）中关于销售成立的条件。假设不考虑初始直接费用和各项税费的影响。该建筑物在销售当日的公允价值为 36 000 000 元。

会计处理：

在租赁期开始日，甲公司对该交易的会计处理如下：

借：银行存款　　　　　　　　　　　　　　　24 000 000
　　贷：长期应付款　　　　　　　　　　　　　24 000 000

在租赁期开始日，乙公司对该交易的会计处理如下：

借：长期应收款　　　　　　　　　　　　　　24 000 000
　　贷：银行存款　　　　　　　　　　　　　　24 000 000

税务处理：

本例中，融资性售后回租业务中承租人甲公司出售资产的行为，不征收增值税，也不确认销售收入，对融资性租赁的资产，仍按承租人甲公司出售前原账面价值作为计税基础计提折旧。租赁期间，承租人甲公司支付的属于融资利息的部分，作为企业财务费用在税前扣除。

对出租人乙公司而言，若符合条件（经相关机构批准从事售后回租业务），以取得的全部价款和价外费用（不含本金），扣除对外支付的借款利息（包括外汇借款和人民币借款利息、发行债券利息）后的余额作为销售额，按贷款服务计征增值税。

此外，双方签订的出售租赁资产及购回租赁资产合同不征收印花税。买方兼出租人乙公司出租建筑物收取的租金，应按租金收入的12%计算缴纳房产税（每年为2 000 000×12%），房产税作为税金及附加可以在企业所得税税前全额扣除。

可见，与会计处理存在差异。

2. 售后租回交易中的资产转让属于销售

【例5-6】 甲公司（卖方兼承租人）以货币资金40 000 000元的价格向乙公司（买方兼出租人）出售一栋建筑物，交易前该建筑物的账面原值是24 000 000元，累计折旧是4 000 000元。与此同时，甲公司与乙公司签订了合同，取得了该建筑物18年的使用权（全部剩余使用年限为40年），年租金为2 400 000元，于每年年末支付。根据交易的条款和条件，甲公司转让建筑物符合《企业会计准则第14号——收入》（2017）中关于销售成立的条件。假设不考虑初始直接费用和各项税费的影响。该建筑物在销售当日的公允价值为36 000 000元。

会计处理：

由于该建筑物的销售对价并非公允价值，甲公司和乙公司分别进行了调整，以按照公允价值计量销售收益和租赁应收款。超额售价4 000 000元（40 000 000－36 000 000）作为乙公司向甲公司提供的额外融资进行确认。

甲、乙公司均确定租赁内含年利率为4.5%。年付款额现值为29 183 980元（年付款额2 400 000元，共18期，按每年4.5%进行折现），其中4 000 000元与额外融资相关，25 183 980元与租赁相关（分别对应年付款额328 948元和2 071 052元），具体计算过程如下：
年付款额现值＝2 400 000×(P/A, 4.5%, 18)＝29 183 980（元），
额外融资年付款额＝4 000 000/29 183 980×2 400 000＝328 948（元），
租赁相关年付款额＝2 400 000－328 948＝2 071 052（元）。

（1）在租赁期开始日，甲公司对该交易的会计处理如下：

第一步，计算售后租回所形成的使用权资产：

使用权资产＝(24 000 000－4 000 000)[①]×(25 183 980[②]÷36 000 000[③])

＝13 991 100(元)

---

① 该建筑物的账面价值。
② 18年使用权资产的租赁付款额现值。
③ 该建筑物的公允价值。

第五章 特殊租赁业务的会计处理与税务处理 239

> 📢 **特别提示**
> 因为这里涉及分配,就需要计算分配率。分配率的万能公式可以表述为:等待分配的成本费用总额/分配标准总额。本例中,等待分配的成本费用总额就是年付款额的现值(29 183 980 元)中与租赁相关的现值 25 183 980 元(2 071 052×(P/A,4.5%,18)),分配标准总额是租赁资产的公允价值(36 000 000 元)。使用权资产应分配的金额=分配标准(建筑物的账面价值(24 000 000−4 000 000))×分配率(25 183 980/36 000 000)。

第二步,计算与转让至乙公司的权利相关的利得:

$$\text{出售该建筑物的全部利得} = \text{建筑物的FV}(36\,000\,000) - \text{建筑物的BV}(20\,000\,000)$$

$$= 16\,000\,000(元)$$

其中:

$$\text{与该建筑物使用权相关的利得(a)} = 16\,000\,000 \times (25\,183\,980 \div 36\,000\,000)$$

$$= 11\,192\,880(元)$$

> 📢 **特别提示**
> 此处可以用分配率的思想来理解:分配率=等待分配的金额(全部利得 16 000 000)/分配标准总额(建筑物 FV 36 000 000)。

> 与建筑物使用权有关的利得(实际就是与租赁相关的利得)
> =分配标准(使用权资产的18期租赁付款额的现值 25 183 980)
> ×分配率(等待分配的金额(全部利得 16 000 000)/分配标准总额(建筑物 FV 36 000 000))

与转让至乙公司的权利相关的利得(即计入资产处置损益) = 16 000 000 − (a)

= 16 000 000 − 11 192 880

= 4 807 120(元)

第三步，编制会计分录。

1) 与额外融资相关：

借：银行存款　　　　　　　　　　　4 000 000
　　贷：长期应付款　　　　　　　　　　4 000 000

2) 与租赁相关：

借：银行存款　　　　　　　　　　　36 000 000
　　使用权资产　　　　　　　　　　13 991 100
　　累计折旧　　　　　　　　　　　 4 000 000
　　租赁负债——未确认融资费用①　　12 094 956

---

① 即租赁相关年付款额合计−租赁相关年付款额现值=2 071 052×18−2 071 052×(P/A, 4.5%, 18)。

第五章 特殊租赁业务的会计处理与税务处理

贷：固定资产——建筑物　　　　　　　　24 000 000
　　租赁负债——租赁付款额①　　　　　37 278 936
　　资产处置损益　　　　　　　　　　　 4 807 120

后续甲公司支付的年付款额 2 400 000 元中 2 071 052 元作为租赁付款额处理。328 948 元（即额外融资年付款额）作为以下两项进行会计处理：①结算金融负债 4 000 000 元而支付的款项；②利息费用。以第 1 年年末为例：

借：租赁负债——租赁付款额②　　　　　 2 071 052
　　长期应付款③　　　　　　　　　　　　 148 948
　　财务费用④　　　　　　　　　　　　 1 313 279
　贷：租赁负债——未确认融资费用　　　 1 133 279
　　　银行存款⑤　　　　　　　　　　　 2 400 000

计提使用权资产折旧：假设使用权资产的残值为 0，18 年内按直线法提折旧，则：

年折旧＝(13 991 100－0)÷18＝777 283.33(元)

---

① 该金额为甲公司年付款 2 400 000 元中与租赁相关的年付款额 2 071 052×18。
② 租赁相关年付款额。
③ 长期应付款减少额＝额外融资年付款额 328 948－实际利息费用 180 000（额外融资 4 000 000×4.5%）＝148 948（元）。
④ 利息费用＝期初租赁负债的摊余成本 25 183 980（即期初租赁负债的账面价值＝37 278 936－12 094 956)×4.5%＋期初额外融资 4 000 000×4.5%＝1 133 279＋180 000＝1 313 279（元）。
⑤ 年付款额 2 400 000 元。

借：管理费用等　　　　　　　　　　　　　　　777 283.33
　　贷：使用权资产累计折旧　　　　　　　　　777 283.33

第2年年末：

借：租赁负债——租赁付款额①　　　　　　　　2 071 052
　　长期应付款②　　　　　　　　　　　　　　155 650.66
　　财务费用③　　　　　　　　　　　　　　　1 264 376.66
　　贷：租赁负债——未确认融资费用　　　　　1 091 079.32
　　　　银行存款④　　　　　　　　　　　　　2 400 000

第3年年末至第18年年末的处理类同，最后一年用账户余额进行尾数调整。计提使用权资产折旧：

借：管理费用等　　　　　　　　　　　　　　　777 283.33
　　贷：使用权资产累计折旧　　　　　　　　　777 283.33

（2）综合考虑租期占该建筑物剩余使用年限的比例等因素，乙公司将该建筑物的租赁分类为经营租赁。

在租赁期开始日，乙公司对该交易的会计处理如下：

借：固定资产——建筑物　　　　　　　　　　　36 000 000
　　长期应收款　　　　　　　　　　　　　　　4 000 000

---

① 租赁相关年付款额。
② 长期应付款减少额＝额外融资年付款额 328 948－实际利息费用 173 297.34（期初额外融资摊余成本（4 000 000－148 948）×4.5%）＝155 650.66（元）。
③ 利息费用＝期初租赁负债的摊余成本 24 246 207×4.5%＋期初额外融资摊余成本（4 000 000－148 948）×4.5%＝1 091 079.32＋173 297.34＝1 264 376.66（元）。
④ 年付款额 2 400 000 元。

第五章 特殊租赁业务的会计处理与税务处理

贷：银行存款 40 000 000

租赁期开始日之后，乙公司将从甲公司收到的年收款额 2 400 000 元中的 2 071 052 元作为租赁收款额进行会计处理。从甲公司收到的年收款额中的其余 328 948 元作为以下两项进行会计处理：1) 结算金融资产 4 000 000 元而收到的款项；2) 利息收入。以第 1 年年末为例：

借：银行存款 2 400 000
  贷：租赁收入 2 071 052
    利息收入 180 000
    长期应收款 148 948

第 2 年年末：

借：银行存款 2 400 000
  贷：租赁收入 2 071 052
    利息收入 173 297.34
    长期应收款 155 650.66

第 3 年年末至第 18 年年末的处理类同，最后一年用账户余额进行尾数调整。

税务处理：

对于售后租回中的资产转让属于销售的，企业所得税按财产转让所得进行处理。租回时，税法按单独的租赁进行处理。即税法按分离交易进行处理。根据《企业所得税法》第十九条规定，转让财产所得，以收入全额减除财产净值后的余额为应纳税所得额。本例中，卖方兼承租人甲公司确认财产转让所得＝收入全额 40 000 000－财产净值 20 000 000（24 000 000－4 000 000）＝20 000 000（元）。税务处理可以用会计的语言表述如下。

若税法中该建筑物的计税基础和折旧与会计账面原价和累计折旧保持一致，则出售时：

  借：固定资产清理   20 000 000
    累计折旧   4 000 000
    贷：固定资产   24 000 000
  借：银行存款   40 000 000
    贷：固定资产清理   20 000 000
      资产处置损益   20 000 000

租回时：

该租赁属于经营租赁，甲公司处理如下。

第 1 年年末支付租金时：

  借：管理费用等   2 400 000
    贷：银行存款   2 400 000

第 2～18 年年末支付租金处理同上。

买方兼出租人乙公司的税务处理如下：

  借：固定资产   40 000 000
    贷：银行存款   40 000 000

出租的第 1 年年末：

借：银行存款　　　　　　　　　　　　　　　　2 400 000
　　贷：其他业务收入等　　　　　　　　　　　　2 400 000

假设残值为 0，年折旧为：(40 000 000－0)/40＝1 000 000（元）。

借：其他业务成本等　　　　　　　　　　　　　　1 000 000
　　贷：累计折旧　　　　　　　　　　　　　　　1 000 000

除了企业所得税，本例涉及的税收还有：

(1) 增值税。若交易双方均属于一般纳税人，卖方甲公司将一栋建筑物出售给买方乙公司，卖方甲公司的增值税处理如下。

根据《纳税人转让不动产增值税征收管理暂行办法》（国家税务总局公告 2016 年第 14 号）第三条规定，卖方甲公司（一般纳税人）转让该建筑物，按照以下规定缴纳增值税：

1) 若该建筑物为 2016 年 4 月 30 日前外购取得，甲公司可以选择适用简易计税方法计税，以取得的全部价款和价外费用（即 40 000 000 元）扣除不动产购置原价或者取得不动产时的作价后的余额为销售额，按照 5% 的征收率计算应纳税额。甲公司应向不动产所在地主管税务机关预缴税款（应预缴税款＝（全部价款和价外费用－不动产购置原价或者取得不动产时的作价）÷(1＋5%)×5%），向机构所在地主管税务机关申报纳税。

2) 若该建筑物为 2016 年 4 月 30 日前自建取得，甲公司可以选择适用简易计税方法计税，以取得的全部价款和价外费用为销售额（即 40 000 000 元），按照 5% 的征收率计算应纳税额。甲公司应向不动产所在地主管税务机关预缴税款（应预缴税款＝全部价款和价外费用÷(1+5％)×5％),向机构所在地主管税务机关申报纳税。

3) 若该建筑物为2016年4月30日前外购取得,甲公司选择适用一般计税方法计税的,以取得的全部价款和价外费用为销售额(即40 000 000元)计算应纳税额。甲公司应以取得的全部价款和价外费用扣除不动产购置原价或者取得不动产时的作价后的余额,按照5％的预征率向不动产所在地主管税务机关预缴税款(应预缴税款=(全部价款和价外费用－不动产购置原价或者取得不动产时的作价)÷(1+5％)×5％),向机构所在地主管税务机关申报纳税。

4) 若该建筑物为2016年4月30日前自建取得,甲公司选择适用一般计税方法计税的,以取得的全部价款和价外费用为销售额(即40 000 000元)计算应纳税额。甲公司应以取得的全部价款和价外费用,按照5％的预征率向不动产所在地主管税务机关预缴税款(应预缴税款=全部价款和价外费用÷(1+5％)×5％),向机构所在地主管税务机关申报纳税。

5) 若该建筑物为2016年5月1日后外购取得,甲公司适用一般计税方法,以取得的全部价款和价外费用为销售额(即40 000 000元)计算应纳税额。纳税人应以取得的全部价款和价外费用扣除不动产购置原价或者取得不动产时的作价后的余额,按照5％的预征率向不动产所在地主管税务机关预缴税款(应预缴税款=(全部价款和价外费用－不动产购置原价或者取得不动产时的作价)÷(1+5％)×5％),

向机构所在地主管税务机关申报纳税。

6）若该建筑物为2016年5月1日后自建，甲公司适用一般计税方法，以取得的全部价款和价外费用为销售额（即40 000 000元）计算应纳税额。纳税人应以取得的全部价款和价外费用，按照5%的预征率向不动产所在地主管税务机关预缴税款（应预缴税款＝全部价款和价外费用÷(1＋5%)×5%），向机构所在地主管税务机关申报纳税。

📢 **特别提示1**

一般纳税人转让不动产选择简易计算办法的处理可以归纳为表5-3。

表5-3

项目性质	预缴	申报
外购取得	应预缴税款＝转让差额÷(1＋5%)×5%	与预缴相同
自建取得	应预缴税款＝出售全价÷(1＋5%)×5%	与预缴相同

📢 **特别提示2**

一般纳税人转让不动产采用一般计税方法的处理可以归纳为表5-4。

表 5-4

项目性质	预缴	申报
外购取得	应预缴税款＝转让差额÷(1+5%)×5%	应纳增值税＝转让差额÷(1+9%)×9%－进项税额－预缴税款
自建取得	应预缴税款＝出售全价÷(1+5%)×5%	应纳增值税＝出售全价÷(1+9%)×9%－进项税额－预缴税款

甲公司将一栋建筑物出售给乙公司之后，又从乙公司处租回。若交易双方均属于一般纳税人，针对建筑物的租赁，出租人乙公司应按不动产租赁税目进行增值税处理。该租赁属于经营租赁，其销售额为向承租人甲公司收取的租金和价外费用。其中，如果该建筑物是 2016 年 4 月 30 日前取得的，可以选择适用简易计税方法，按 5% 的征收率计算应纳税额（不在同一县（市、区）的，先预缴（增值税＝含税销售额÷(1+5%)×5%）再申报纳税），也可以适用一般计税方法（不在同一县（市、区）的，先预缴（增值税＝含税销售额÷(1+9%)×3%）再申报纳税）。出租人乙公司若采用一般计税方法，应向承租人甲公司开具税率为 9% 的增值税专用发票。出租人乙公司若采用简易计税方法，应向承租人甲公司开具征收率为 5% 的增值税普通发票。

（2）印花税。甲公司将一栋建筑物出售给乙公司，双方均应按产权转移书据税目计算缴纳印花税（40 000 000×0.5‰）。甲公司又从乙公司租回该建筑物，承租人甲公司与出租人乙公司之间签订的有关建筑物的合同属于经营租赁合同，应按合同所载租金总额（不含增值税）的1‰计算缴纳印花税（2 400 000×18×1‰）。

（3）房产税。乙公司出租建筑物收取的租金，应按租金收入的12%计算缴纳房产税（每年为2 400 000×12%），房产税作为税金及附加可以在企业所得税税前全额扣除。

（4）土地增值税。甲公司向乙公司出售一栋建筑物，需要计算缴纳土地增值税。本例中，建筑物转让收入为40 000 000元（不含税）。扣除项目包括：第一种情形，该建筑物属于新房：1）若为甲公司（房地产开发企业）出售开发产品，其扣除项目包括地价款、开发成本、开发费用、转让环节有关税金和加计扣除；2）若甲公司为非房地产开发企业，其扣除项目包括地价款、开发成本、开发费用和转让环节有关税金。第二种情形，该建筑物属于旧房，其扣除项目包括房屋及建筑物评估价格、地价款和转让环节有关税金。值得注意的是，出售旧房不能取得评估价格，但能提供购房发票的，经当地税务部门确认，"评估价格和地价款"可按发票所载金额并从购买年度起至转让年度止每年加计5%计算。对纳税人购房时缴纳的契税，凡能提供契税完税凭证的，准予作为"与转让房地产有关的税金"予以扣除，但不作为加计5%的基数（财税〔2006〕21号）。"每年"按购房发票所载日期起至售房发票开具之日止，每满12个月计一年；超过一年，未满12个月但超过6个月的，可以视同为一年（国税函〔2010〕220号）。

上述内容可归纳为表5-5。

表 5-5

转让项目的性质	转让人身份	扣除项目的具体内容
新建建筑物（卖新房）	房地产企业	地价款、开发成本、开发费用、转让环节有关税金、加计扣除
	非房地产企业	地价款、开发成本、开发费用、转让环节有关税金
存量建筑物（卖旧房）	—	房屋及建筑物评估价格、地价款和转让环节有关税金

此外，出租人还涉及城市维护建设税（市区7%，县城及建制镇5%，其他地区1%）、教育费附加（3%）和地方教育附加（2%），计税依据为当期实际缴纳的增值税和消费税。

第六章
列报规则与税务处理

本章思维导图

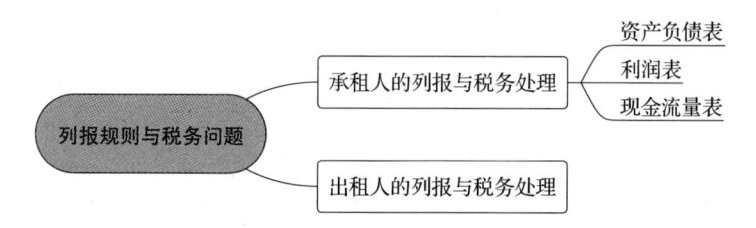

```
列报规则与税务问题 ─┬─ 承租人的列报与税务处理 ─┬─ 资产负债表
                    │                           ├─ 利润表
                    │                           └─ 现金流量表
                    └─ 出租人的列报与税务处理
```

一、承租人的列报与税务处理

(一) 资产负债表

承租人应当在资产负债表中单独列示使用权资产和租赁负债。其中，租赁负债通常分别非流动负债和一年内到期的非流动负债（即资产负债表日后12个月内租赁负债预期减少的金额）列示。

税务处理：若看到纳税人资产负债表中有"使用权资产"和

"租赁负债"报表项目,说明该企业已经执行新租赁准则,要关注纳税人租赁类型的划分,有关融资租赁和经营租赁的税务处理是不同的。

【例6-1】 沿用例3-16,在租赁期开始日,甲公司确认的租赁负债为43 300元,租赁负债将按以下方法进行后续计量,如表6-1所示。

表6-1   单位:元

年度	租赁负债年初金额 ①	利息 ②=①×5%	租赁付款额 ③	租赁负债年末金额 ④=①+②-③
1	43 300	2 165	10 000	35 465
2	35 465	1 773	10 000	27 238
3	27 238	1 362	10 000	18 600
4	18 600	930	10 000	9 530
5	9 530	470	10 000	—

在第1年年末,甲公司的租赁负债为35 465元,其中,应列示为非流动负债的金额为27 238元,应列示为一年内到期的非流动负债的金额为8 227元(即35 465-27 238),该金额是资产负债表日后12个月内租赁负债预期减少的金额。

(二) 利润表

承租人应当在利润表中分别列示租赁负债的利息费用与使用权资产的折旧费用。其中,租赁负债的利息费用在财务费用项目列示。

> **特别提示**
>
> 租赁负债利息费用费用化的部分计入利润表，资本化的部分计入资产负债表；使用权资产折旧费用计入损益的部分列示于利润表，计入制造费用、研发支出等资产的部分列示于资产负债表。

（三）现金流量表

承租人应当在现金流量表中按照如下方式列示：

（1）偿还租赁负债本金和利息所支付的现金，应当计入筹资活动现金流出；

（2）对短期租赁和低价值资产租赁进行简化会计处理的，支付的相关付款额，应当计入经营活动现金流出；

（3）支付的未纳入租赁负债计量的可变租赁付款额，应当计入经营活动现金流出。

上述内容如图6-1所示。

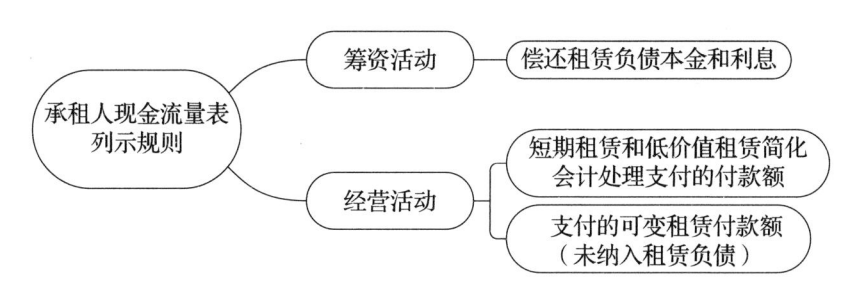

图6-1 承租人现金流量表列示规则

二、出租人的列报与税务处理

出租人应当根据资产的性质,在资产负债表中列示经营租赁资产,对融资租赁资产予以终止确认。

税务处理:出租人若将租赁划分为经营租赁,租赁资产对应的折旧费用允许税前均匀扣除。出租人若将租赁划分为融资租赁,则视同分期收款销售货物进行处理;在按合同约定的日期确认租金收入的同时,允许根据合同约定的日期按与租金收入确认相关的基础扣除融资租赁资产的计税基础。

附 录

企业会计准则第 21 号——租赁

第一章 总 则

第一条 为了规范租赁的确认、计量和相关信息的列报,根据《企业会计准则——基本准则》,制定本准则。

第二条 租赁,是指在一定期间内,出租人将资产的使用权让与承租人以获取对价的合同。

第三条 本准则适用于所有租赁,但下列各项除外:

(一)承租人通过许可使用协议取得的电影、录像、剧本、文稿等版权、专利等项目的权利,以出让、划拨或转让方式取得的土地使用权,适用《企业会计准则第 6 号——无形资产》。

(二)出租人授予的知识产权许可,适用《企业会计准则第 14

号——收入》。

勘探或使用矿产、石油、天然气及类似不可再生资源的租赁，承租人承租生物资产，采用建设经营移交等方式参与公共基础设施建设、运营的特许经营权合同，不适用本准则。

第二章 租赁的识别、分拆和合并

第一节 租赁的识别

第四条 在合同开始日，企业应当评估合同是否为租赁或者包含租赁。如果合同中一方让渡了在一定期间内控制一项或多项已识别资产使用的权利以换取对价，则该合同为租赁或者包含租赁。

除非合同条款和条件发生变化，企业无需重新评估合同是否为租赁或者包含租赁。

第五条 为确定合同是否让渡了在一定期间内控制已识别资产使用的权利，企业应当评估合同中的客户是否有权获得在使用期间内因使用已识别资产所产生的几乎全部经济利益，并有权在该使用期间主导已识别资产的使用。

第六条 已识别资产通常由合同明确指定，也可以在资产可供客户使用时隐性指定。但是，即使合同已对资产进行指定，如果资产的供应方在整个使用期间拥有对该资产的实质性替换权，则该资产不属于已识别资产。

同时符合下列条件时，表明供应方拥有资产的实质性替换权：

资产供应方拥有在整个使用期间替换资产的实际能力；

资产供应方通过行使替换资产的权利将获得经济利益。

企业难以确定供应方是否拥有对该资产的实质性替换权的，应当视为供应方没有对该资产的实质性替换权。

如果资产的某部分产能或其他部分在物理上不可区分，则该部分不属于已识别资产，除非其实质上代表该资产的全部产能，从而使客户获得因使用该资产所产生的几乎全部经济利益。

第七条 在评估是否有权获得因使用已识别资产所产生的几乎全部经济利益时，企业应当在约定的客户可使用资产的权利范围内考虑其所产生的经济利益。

第八条 存在下列情况之一的，可视为客户有权主导对已识别资产在整个使用期间内的使用：

（一）客户有权在整个使用期间主导已识别资产的使用目的和使用方式。

（二）已识别资产的使用目的和使用方式在使用期开始前已预先确定，并且客户有权在整个使用期间自行或主导他人按照其确定的方式运营该资产，或者客户设计了已识别资产并在设计时已预先确定了该资产在整个使用期间的使用目的和使用方式。

第二节 租赁的分拆和合并

第九条 合同中同时包含多项单独租赁的，承租人和出租人应当将合同予以分拆，并分别各项单独租赁进行会计处理。

合同中同时包含租赁和非租赁部分的，承租人和出租人应当将租赁和非租赁部分进行分拆，除非企业适用本准则第十二条的规定进行会计处理，租赁部分应当分别按照本准则进行会计处理，非租赁部分应当按照其他适用的企业会计准则进行会计处理。

第十条　同时符合下列条件的，使用已识别资产的权利构成合同中的一项单独租赁：

（一）承租人可从单独使用该资产或将其与易于获得的其他资源一起使用中获利；

（二）该资产与合同中的其他资产不存在高度依赖或高度关联关系。

第十一条　在分拆合同包含的租赁和非租赁部分时，承租人应当按照各租赁部分单独价格及非租赁部分的单独价格之和的相对比例分摊合同对价，出租人应当根据《企业会计准则第14号——收入》关于交易价格分摊的规定分摊合同对价。

第十二条　为简化处理，承租人可以按照租赁资产的类别选择是否分拆合同包含的租赁和非租赁部分。承租人选择不分拆的，应当将各租赁部分及与其相关的非租赁部分分别合并为租赁，按照本准则进行会计处理。但是，对于按照《企业会计准则第22号——金融工具确认和计量》应分拆的嵌入衍生工具，承租人不应将其与租赁部分合并进行会计处理。

第十三条　企业与同一交易方或其关联方在同一时间或相近时间订立的两份或多份包含租赁的合同，在符合下列条件之一时，应当合并为一份合同进行会计处理：

（一）该两份或多份合同基于总体商业目的而订立并构成一揽子

交易，若不作为整体考虑则无法理解其总体商业目的。

（二）该两份或多份合同中的某份合同的对价金额取决于其他合同的定价或履行情况。

（三）该两份或多份合同让渡的资产使用权合起来构成一项单独租赁。

第三章 承租人的会计处理

第一节 确认和初始计量

第十四条 在租赁期开始日，承租人应当对租赁确认使用权资产和租赁负债，应用本准则第三章第三节进行简化处理的短期租赁和低价值资产租赁除外。

使用权资产，是指承租人可在租赁期内使用租赁资产的权利。

租赁期开始日，是指出租人提供租赁资产使其可供承租人使用的起始日期。

第十五条 租赁期，是指承租人有权使用租赁资产且不可撤销的期间。

承租人有续租选择权，即有权选择续租该资产，且合理确定将行使该选择权的，租赁期还应当包含续租选择权涵盖的期间。

承租人有终止租赁选择权，即有权选择终止租赁该资产，但合理确定将不会行使该选择权的，租赁期应当包含终止租赁选择权涵盖的期间。

发生承租人可控范围内的重大事件或变化，且影响承租人是否合理确定将行使相应选择权的，承租人应当对其是否合理确定将行使续租选择权、购买选择权或不行使终止租赁选择权进行重新评估。

第十六条　使用权资产应当按照成本进行初始计量。该成本包括：

（一）租赁负债的初始计量金额；

（二）在租赁期开始日或之前支付的租赁付款额，存在租赁激励的，扣除已享受的租赁激励相关金额；

（三）承租人发生的初始直接费用；

（四）承租人为拆卸及移除租赁资产、复原租赁资产所在场地或将租赁资产恢复至租赁条款约定状态预计将发生的成本。前述成本属于为生产存货而发生的，适用《企业会计准则第1号——存货》。

承租人应当按照《企业会计准则第13号——或有事项》对本条第（四）项所述成本进行确认和计量。

租赁激励，是指出租人为达成租赁向承租人提供的优惠，包括出租人向承租人支付的与租赁有关的款项、出租人为承租人偿付或承担的成本等。

初始直接费用，是指为达成租赁所发生的增量成本。增量成本是指若企业不取得该租赁，则不会发生的成本。

第十七条　租赁负债应当按照租赁期开始日尚未支付的租赁付款额的现值进行初始计量。

在计算租赁付款额的现值时，承租人应当采用租赁内含利率作为折现率；无法确定租赁内含利率的，应当采用承租人增量借款利率作为折现率。

租赁内含利率，是指使出租人的租赁收款额的现值与未担保余值的现值之和等于租赁资产公允价值与出租人的初始直接费用之和的利率。

承租人增量借款利率，是指承租人在类似经济环境下为获得与使用权资产价值接近的资产，在类似期间以类似抵押条件借入资金须支付的利率。

第十八条　租赁付款额，是指承租人向出租人支付的与在租赁期内使用租赁资产的权利相关的款项，包括：

（一）固定付款额及实质固定付款额，存在租赁激励的，扣除租赁激励相关金额；

（二）取决于指数或比率的可变租赁付款额，该款项在初始计量时根据租赁期开始日的指数或比率确定；

（三）购买选择权的行权价格，前提是承租人合理确定将行使该选择权；

（四）行使终止租赁选择权需支付的款项，前提是租赁期反映出承租人将行使终止租赁选择权；

（五）根据承租人提供的担保余值预计应支付的款项。

实质固定付款额，是指在形式上可能包含变量但实质上无法避免的付款额。

可变租赁付款额，是指承租人为取得在租赁期内使用租赁资产的权利，向出租人支付的因租赁期开始日后的事实或情况发生变化

（而非时间推移）而变动的款项。取决于指数或比率的可变租赁付款额包括与消费者价格指数挂钩的款项、与基准利率挂钩的款项和为反映市场租金费率变化而变动的款项等。

第十九条　担保余值，是指与出租人无关的一方向出租人提供担保，保证在租赁结束时租赁资产的价值至少为某指定的金额。

未担保余值，是指租赁资产余值中，出租人无法保证能够实现或仅由与出租人有关的一方予以担保的部分。

第二节　后续计量

第二十条　在租赁期开始日后，承租人应当按照本准则第二十一条、第二十二条、第二十七条及第二十九条的规定，采用成本模式对使用权资产进行后续计量。

第二十一条　承租人应当参照《企业会计准则第4号——固定资产》有关折旧规定，对使用权资产计提折旧。

承租人能够合理确定租赁期届满时取得租赁资产所有权的，应当在租赁资产剩余使用寿命内计提折旧。无法合理确定租赁期届满时能够取得租赁资产所有权的，应当在租赁期与租赁资产剩余使用寿命两者孰短的期间内计提折旧。

第二十二条　承租人应当按照《企业会计准则第8号——资产减值》的规定，确定使用权资产是否发生减值，并对已识别的减值损失进行会计处理。

第二十三条　承租人应当按照固定的周期性利率计算租赁负债在租赁期内各期间的利息费用，并计入当期损益。按照《企业会计准则第 17 号——借款费用》等其他准则规定应当计入相关资产成本的，从其规定。

该周期性利率，是按照本准则第十七条规定所采用的折现率，或者按照本准则第二十五条、二十六条和二十九条规定所采用的修订后的折现率。

第二十四条　未纳入租赁负债计量的可变租赁付款额应当在实际发生时计入当期损益。按照《企业会计准则第 1 号——存货》等其他准则规定应当计入相关资产成本的，从其规定。

第二十五条　在租赁期开始日后，发生下列情形的，承租人应当重新确定租赁付款额，并按变动后租赁付款额和修订后的折现率计算的现值重新计量租赁负债：

（一）因依据本准则第十五条第四款规定，续租选择权或终止租赁选择权的评估结果发生变化，或者前述选择权的实际行使情况与原评估结果不一致等导致租赁期变化的，应当根据新的租赁期重新确定租赁付款额；

（二）因依据本准则第十五条第四款规定，购买选择权的评估结果发生变化的，应当根据新的评估结果重新确定租赁付款额。

在计算变动后租赁付款额的现值时，承租人应当采用剩余租赁期间的租赁内含利率作为修订后的折现率；无法确定剩余租赁期间的租赁内含利率的，应当采用重估日的承租人增量借款利率作为修订后的折现率。

第二十六条　在租赁期开始日后，根据担保余值预计的应付金额发生变动，或者因用于确定租赁付款额的指数或比率变动而导致未来租赁付款额发生变动的，承租人应当按照变动后租赁付款额的现值重新计量租赁负债。在这些情形下，承租人采用的折现率不变；但是，租赁付款额的变动源自浮动利率变动的，使用修订后的折现率。

第二十七条 承租人在根据本准则第二十五条、第二十六条或因实质固定付款额变动重新计量租赁负债时，应当相应调整使用权资产的账面价值。使用权资产的账面价值已调减至零，但租赁负债仍需进一步调减的，承租人应当将剩余金额计入当期损益。

第二十八条 租赁发生变更且同时符合下列条件的，承租人应当将该租赁变更作为一项单独租赁进行会计处理：

（一）该租赁变更通过增加一项或多项租赁资产的使用权而扩大了租赁范围；

（二）增加的对价与租赁范围扩大部分的单独价格按该合同情况调整后的金额相当。

租赁变更，是指原合同条款之外的租赁范围、租赁对价、租赁期限的变更，包括增加或终止一项或多项租赁资产的使用权，延长或缩短合同规定的租赁期等。

第二十九条 租赁变更未作为一项单独租赁进行会计处理的，在租赁变更生效日，承租人应当按照本准则第九条至第十二条的规定分摊变更后合同的对价，按照本准则第十五条的规定重新确定租赁期，并按照变更后租赁付款额和修订后的折现率计算的现值重新计量租赁负债。

在计算变更后租赁付款额的现值时，承租人应当采用剩余租赁期间的租赁内含利率作为修订后的折现率；无法确定剩余租赁期间的租赁内含利率的，应当采用租赁变更生效日的承租人增量借款利率作为修订后的折现率。租赁变更生效日，是指双方就租赁变更达成一致的日期。

租赁变更导致租赁范围缩小或租赁期缩短的，承租人应当相应调减使用权资产的账面价值，并将部分终止或完全终止租赁的相关利得或损失计入当期损益。其他租赁变更导致租赁负债重新计量的，承租人应当相应调整使用权资产的账面价值。

第三节　短期租赁和低价值资产租赁

第三十条　短期租赁，是指在租赁期开始日，租赁期不超过12个月的租赁。

包含购买选择权的租赁不属于短期租赁。

第三十一条　低价值资产租赁，是指单项租赁资产为全新资产时价值较低的租赁。

低价值资产租赁的判定仅与资产的绝对价值有关，不受承租人规模、性质或其他情况影响。低价值资产租赁还应当符合本准则第十条的规定。

承租人转租或预期转租租赁资产的，原租赁不属于低价值资产租赁。

第三十二条　对于短期租赁和低价值资产租赁，承租人可以选择不确认使用权资产和租赁负债。

作出该选择的，承租人应当将短期租赁和低价值资产租赁的租赁付款额，在租赁期内各个期间按照直线法或其他系统合理的方法计入相关资产成本或当期损益。其他系统合理的方法能够更好地反映承租人的受益模式的，承租人应当采用该方法。

第三十三条　对于短期租赁，承租人应当按照租赁资产的类别作出本准则第三十二条所述的会计处理选择。

对于低价值资产租赁，承租人可根据每项租赁的具体情况作出本准则第三十二条所述的会计处理选择。

第三十四条　按照本准则第三十二条进行简化处理的短期租赁发生租赁变更或者因租赁变更之外的原因导致租赁期发生变化的，承租人应当将其视为一项新租赁进行会计处理。

第四章　出租人的会计处理

第一节　出租人的租赁分类

第三十五条　出租人应当在租赁开始日将租赁分为融资租赁和经营租赁。

租赁开始日，是指租赁合同签署日与租赁各方就主要租赁条款作出承诺日中的较早者。

融资租赁，是指实质上转移了与租赁资产所有权有关的几乎全部风险和报酬的租赁。其所有权最终可能转移，也可能不转移。

经营租赁，是指除融资租赁以外的其他租赁。

在租赁开始日后，出租人无需对租赁的分类进行重新评估，除非发生租赁变更。租赁资产预计使用寿命、预计余值等会计估计变更或发生承租人违约等情况变化的，出租人不对租赁的分类进行重新评估。

第三十六条 一项租赁属于融资租赁还是经营租赁取决于交易的实质，而不是合同的形式。如果一项租赁实质上转移了与租赁资产所有权有关的几乎全部风险和报酬，出租人应当将该项租赁分类为融资租赁。

一项租赁存在下列一种或多种情形的，通常分类为融资租赁：

（一）在租赁期届满时，租赁资产的所有权转移给承租人。

（二）承租人有购买租赁资产的选择权，所订立的购买价款与预计行使选择权时租赁资产的公允价值相比足够低，因而在租赁开始日就可以合理确定承租人将行使该选择权。

（三）资产的所有权虽然不转移，但租赁期占租赁资产使用寿命的大部分。

（四）在租赁开始日，租赁收款额的现值几乎相当于租赁资产的公允价值。

（五）租赁资产性质特殊，如果不作较大改造，只有承租人才能使用。

一项租赁存在下列一项或多项迹象的，也可能分类为融资租赁：

（一）若承租人撤销租赁，撤销租赁对出租人造成的损失由承租人承担。

（二）资产余值的公允价值波动所产生的利得或损失归属于承

租人。

（三）承租人有能力以远低于市场水平的租金继续租赁至下一期间。

第三十七条　转租出租人应当基于原租赁产生的使用权资产，而不是原租赁的标的资产，对转租赁进行分类。

但是，原租赁为短期租赁，且转租出租人应用本准则第三十二条对原租赁进行简化处理的，转租出租人应当将该转租赁分类为经营租赁。

第二节　出租人对融资租赁的会计处理

第三十八条　在租赁期开始日，出租人应当对融资租赁确认应收融资租赁款，并终止确认融资租赁资产。

出租人对应收融资租赁款进行初始计量时，应当以租赁投资净额作为应收融资租赁款的入账价值。

租赁投资净额为未担保余值和租赁期开始日尚未收到的租赁收款额按照租赁内含利率折现的现值之和。

租赁收款额，是指出租人因让渡在租赁期内使用租赁资产的权利而应向承租人收取的款项，包括：

（一）承租人需支付的固定付款额及实质固定付款额，存在租赁激励的，扣除租赁激励相关金额；

（二）取决于指数或比率的可变租赁付款额，该款项在初始计量时根据租赁期开始日的指数或比率确定；

（三）购买选择权的行权价格，前提是合理确定承租人将行使该选择权；

（四）承租人行使终止租赁选择权需支付的款项，前提是租赁期反映出承租人将行使终止租赁选择权；

（五）由承租人、与承租人有关的一方以及有经济能力履行担保义务的独立第三方向出租人提供的担保余值。

在转租的情况下，若转租的租赁内含利率无法确定，转租出租人可采用原租赁的折现率（根据与转租有关的初始直接费用进行调整）计量转租投资净额。

第三十九条　出租人应当按照固定的周期性利率计算并确认租赁期内各个期间的利息收入。该周期性利率，是按照本准则第三十八条规定所采用的折现率，或者按照本准则第四十四条规定所采用的修订后的折现率。

第四十条　出租人应当按照《企业会计准则第22号——金融工具确认和计量》和《企业会计准则第23号——金融资产转移》的规定，对应收融资租赁款的终止确认和减值进行会计处理。

出租人将应收融资租赁款或其所在的处置组划分为持有待售类别的，应当按照《企业会计准则第42号——持有待售的非流动资产、处置组和终止经营》进行会计处理。

第四十一条　出租人取得的未纳入租赁投资净额计量的可变租赁付款额应当在实际发生时计入当期损益。

第四十二条　生产商或经销商作为出租人的融资租赁，在租赁期开始日，该出租人应当按照租赁资产公允价值与租赁收款额按市场利率折现的现值两者孰低确认收入，并按照租赁资产账面价值扣除未担保余值的现值后的余额结转销售成本。

生产商或经销商出租人为取得融资租赁发生的成本，应当在租赁期开始日计入当期损益。

第四十三条 融资租赁发生变更且同时符合下列条件的，出租人应当将该变更作为一项单独租赁进行会计处理：

（一）该变更通过增加一项或多项租赁资产的使用权而扩大了租赁范围；

（二）增加的对价与租赁范围扩大部分的单独价格按该合同情况调整后的金额相当。

第四十四条 融资租赁的变更未作为一项单独租赁进行会计处理的，出租人应当分别下列情形对变更后的租赁进行处理：

（一）假如变更在租赁开始日生效，该租赁会被分类为经营租赁的，出租人应当自租赁变更生效日开始将其作为一项新租赁进行会计处理，并以租赁变更生效日前的租赁投资净额作为租赁资产的账面价值；

（二）假如变更在租赁开始日生效，该租赁会被分类为融资租赁的，出租人应当按照《企业会计准则第22号——金融工具确认和计量》关于修改或重新议定合同的规定进行会计处理。

第三节 出租人对经营租赁的会计处理

第四十五条 在租赁期内各个期间，出租人应当采用直线法或其他系统合理的方法，将经营租赁的租赁收款额确认为租金收入。

其他系统合理的方法能够更好地反映因使用租赁资产所产生经济利益的消耗模式的,出租人应当采用该方法。

第四十六条 出租人发生的与经营租赁有关的初始直接费用应当资本化,在租赁期内按照与租金收入确认相同的基础进行分摊,分期计入当期损益。

第四十七条 对于经营租赁资产中的固定资产,出租人应当采用类似资产的折旧政策计提折旧;对于其他经营租赁资产,应当根据该资产适用的企业会计准则,采用系统合理的方法进行摊销。

出租人应当按照《企业会计准则第8号——资产减值》的规定,确定经营租赁资产是否发生减值,并进行相应会计处理。

第四十八条 出租人取得的与经营租赁有关的未计入租赁收款额的可变租赁付款额,应当在实际发生时计入当期损益。

第四十九条 经营租赁发生变更的,出租人应当自变更生效日起将其作为一项新租赁进行会计处理,与变更前租赁有关的预收或应收租赁收款额应当视为新租赁的收款额。

第五章 售后租回交易

第五十条 承租人和出租人应当按照《企业会计准则第14号——收入》的规定,评估确定售后租回交易中的资产转让是否属于销售。

第五十一条 售后租回交易中的资产转让属于销售的,承租人应当按原资产账面价值中与租回获得的使用权有关的部分,计量售后租回所形成的使用权资产,并仅就转让至出租人的权利确认相关利得或损失；出租人应当根据其他适用的企业会计准则对资产购买进行会计处理，并根据本准则对资产出租进行会计处理。

如果销售对价的公允价值与资产的公允价值不同，或者出租人未按市场价格收取租金，则企业应当将销售对价低于市场价格的款项作为预付租金进行会计处理，将高于市场价格的款项作为出租人向承租人提供的额外融资进行会计处理；同时，承租人按照公允价值调整相关销售利得或损失，出租人按市场价格调整租金收入。

在进行上述调整时，企业应当基于以下两者中更易于确定的项目：销售对价的公允价值与资产公允价值之间的差额、租赁合同中付款额的现值与按租赁市价计算的付款额现值之间的差额。

第五十二条 售后租回交易中的资产转让不属于销售的，承租人应当继续确认被转让资产，同时确认一项与转让收入等额的金融负债，并按照《企业会计准则第 22 号——金融工具确认和计量》对该金融负债进行会计处理；出租人不确认被转让资产，但应当确认一项与转让收入等额的金融资产，并按照《企业会计准则第 22 号——金融工具确认和计量》对该金融资产进行会计处理。

第六章 列 报

第一节 承租人的列报

第五十三条 承租人应当在资产负债表中单独列示使用权资产和租赁负债。其中，租赁负债通常分别非流动负债和一年内到期的非流动负债列示。

在利润表中,承租人应当分别列示租赁负债的利息费用与使用权资产的折旧费用。租赁负债的利息费用在财务费用项目列示。

在现金流量表中,偿还租赁负债本金和利息所支付的现金应当计入筹资活动现金流出,支付的按本准则第三十二条简化处理的短期租赁付款额和低价值资产租赁付款额以及未纳入租赁负债计量的可变租赁付款额应当计入经营活动现金流出。

第五十四条 承租人应当在附注中披露与租赁有关的下列信息:

(一)各类使用权资产的期初余额、本期增加额、期末余额以及累计折旧额和减值金额;

(二)租赁负债的利息费用;

(三)计入当期损益的按本准则第三十二条简化处理的短期租赁费用和低价值资产租赁费用;

(四)未纳入租赁负债计量的可变租赁付款额;

(五)转租使用权资产取得的收入;

(六)与租赁相关的总现金流出;

(七)售后租回交易产生的相关损益;

(八)其他按照《企业会计准则第37号——金融工具列报》应当披露的有关租赁负债的信息。

承租人应用本准则第三十二条对短期租赁和低价值资产租赁进行简化处理的,应当披露这一事实。

第五十五条 承租人应当根据理解财务报表的需要,披露有关租赁活动的其他定性和定量信息。此类信息包括:

（一）租赁活动的性质，如对租赁活动基本情况的描述；

（二）未纳入租赁负债计量的未来潜在现金流出；

（三）租赁导致的限制或承诺；

（四）售后租回交易除第五十四条第（七）项之外的其他信息；

（五）其他相关信息。

第二节 出租人的列报

第五十六条 出租人应当根据资产的性质，在资产负债表中列示经营租赁资产。

第五十七条 出租人应当在附注中披露与融资租赁有关的下列信息：

（一）销售损益、租赁投资净额的融资收益以及与未纳入租赁投资净额的可变租赁付款额相关的收入；

（二）资产负债表日后连续五个会计年度每年将收到的未折现租赁收款额，以及剩余年度将收到的未折现租赁收款额总额；

（三）未折现租赁收款额与租赁投资净额的调节表。

第五十八条 出租人应当在附注中披露与经营租赁有关的下列信息：

（一）租赁收入，并单独披露与未计入租赁收款额的可变租赁付款额相关的收入；

（二）将经营租赁固定资产与出租人持有自用的固定资产分开，并按经营租赁固定资产的类别提供《企业会计准则第4号——固定资产》要求披露的信息；

(三)资产负债表日后连续五个会计年度每年将收到的未折现租赁收款额,以及剩余年度将收到的未折现租赁收款额总额。

第五十九条 出租人应当根据理解财务报表的需要,披露有关租赁活动的其他定性和定量信息。此类信息包括:

(一)租赁活动的性质,如对租赁活动基本情况的描述;

(二)对其在租赁资产中保留的权利进行风险管理的情况;

(三)其他相关信息。

第七章 衔接规定

第六十条 对于首次执行日前已存在的合同,企业在首次执行日可以选择不重新评估其是否为租赁或者包含租赁。选择不重新评估的,企业应当在财务报表附注中披露这一事实,并一致应用于前述所有合同。

第六十一条 承租人应当选择下列方法之一对租赁进行衔接会计处理,并一致应用于其作为承租人的所有租赁:

(一)按照《企业会计准则第28号——会计政策、会计估计变更和差错更正》的规定采用追溯调整法处理。

(二)根据首次执行本准则的累积影响数,调整首次执行本准则当年年初留存收益及财务报表其他相关项目金额,不调整可比期间信息。采用该方法时,应当按照下列规定进行衔接处理:

1. 对于首次执行日前的融资租赁,承租人在首次执行日应当按照融资租入资产和应付融资租赁款的原账面价值,分别计量使用权资产和租赁负债。

2. 对于首次执行日前的经营租赁，承租人在首次执行日应当根据剩余租赁付款额按首次执行日承租人增量借款利率折现的现值计量租赁负债，并根据每项租赁选择按照下列两者之一计量使用权资产：

（1）假设自租赁期开始日即采用本准则的账面价值（采用首次执行日的承租人增量借款利率作为折现率）；

（2）与租赁负债相等的金额，并根据预付租金进行必要调整。

3. 在首次执行日，承租人应当按照《企业会计准则第8号——资产减值》的规定，对使用权资产进行减值测试并进行相应会计处理。

第六十二条 首次执行日前的经营租赁中，租赁资产属于低价值资产且根据本准则第三十二条的规定选择不确认使用权资产和租赁负债的，承租人无需对该经营租赁按照衔接规定进行调整，应当自首次执行日起按照本准则进行会计处理。

第六十三条 承租人采用本准则第六十一条第（二）项进行衔接会计处理时，对于首次执行日前的经营租赁，可根据每项租赁采用下列一项或多项简化处理：

1. 将于首次执行日后12个月内完成的租赁，可作为短期租赁处理。

2. 计量租赁负债时，具有相似特征的租赁可采用同一折现率；使用权资产的计量可不包含初始直接费用。

3. 存在续租选择权或终止租赁选择权的，承租人可根据首次执行日前选择权的实际行使及其他最新情况确定租赁期，无需对首次执行日前各期间是否合理确定行使续租选择权或终止租赁选择权进行估计。

4. 作为使用权资产减值测试的替代，承租人可根据《企业会计准则第 13 号——或有事项》评估包含租赁的合同在首次执行日前是否为亏损合同，并根据首次执行日前计入资产负债表的亏损准备金额调整使用权资产。

5. 首次执行本准则当年年初之前发生租赁变更的，承租人无需按照本准则第二十八条、第二十九条的规定对租赁变更进行追溯调整，而是根据租赁变更的最终安排，按照本准则进行会计处理。

第六十四条 承租人采用本准则第六十三条规定的简化处理方法的，应当在财务报表附注中披露所采用的简化处理方法以及在合理可能的范围内对采用每项简化处理方法的估计影响所作的定性分析。

第六十五条 对于首次执行日前划分为经营租赁且在首次执行日后仍存续的转租赁，转租出租人在首次执行日应当基于原租赁和转租赁的剩余合同期限和条款进行重新评估，并按照本准则的规定进行分类。按照本准则重分类为融资租赁的，应当将其作为一项新的融资租赁进行会计处理。

除前款所述情形外，出租人无需对其作为出租人的租赁按照衔接规定进行调整，而应当自首次执行日起按照本准则进行会计处理。

第六十六条　对于首次执行日前已存在的售后租回交易，企业在首次执行日不重新评估资产转让是否符合《企业会计准则第14号——收入》作为销售进行会计处理的规定。

对于首次执行日前应当作为销售和融资租赁进行会计处理的售后租回交易，卖方（承租人）应当按照与首次执行日存在的其他融资租赁相同的方法对租回进行会计处理，并继续在租赁期内摊销相关递延收益或损失。

对于首次执行日前应当作为销售和经营租赁进行会计处理的售后租回交易，卖方（承租人）应当按照与首次执行日存在的其他经营租赁相同的方法对租回进行会计处理，并根据首次执行日前计入资产负债表的相关递延收益或损失调整使用权资产。

第六十七条　承租人选择按照本准则第六十一条第（二）项规定对租赁进行衔接会计处理的，还应当在首次执行日披露以下信息：

首次执行日计入资产负债表的租赁负债所采用的承租人增量借款利率的加权平均值；

首次执行日前一年度报告期末披露的重大经营租赁的尚未支付的最低租赁付款额按首次执行日承租人增量借款利率折现的现值，与计入首次执行日资产负债表的租赁负债的差额。

第八章　附　则

第六十八条　本准则自2019年1月1日起施行。

图书在版编目（CIP）数据

新租赁准则与税法差异分析／曹越，何振华，郭建华著. －－北京：中国人民大学出版社，2022.11
ISBN 978-7-300-31101-2

Ⅰ.①新… Ⅱ.①曹… ②何… ③郭… Ⅲ.①租赁－会计准则－研究－中国②税法－研究－中国 Ⅳ.①F233.2②D922.220.4

中国版本图书馆 CIP 数据核字（2022）第 191233 号

新租赁准则与税法差异分析
曹　越　何振华　郭建华　著
Xinzulin Zhunze yu Shuifa Chayi Fenxi

出版发行	中国人民大学出版社		
社　　址	北京中关村大街 31 号	邮政编码	100080
电　　话	010－62511242（总编室）		010－62511770（质管部）
	010－82501766（邮购部）		010－62514148（门市部）
	010－62515195（发行公司）		010－62515275（盗版举报）
网　　址	http://www.crup.com.cn		
经　　销	新华书店		
印　　刷	北京宏伟双华印刷有限公司		
规　　格	170 mm×230 mm　16 开本	版　次	2022 年 11 月第 1 版
印　　张	18 插页 2	印　次	2022 年 11 月第 1 次印刷
字　　数	180 000	定　价	65.00 元

版权所有　侵权必究　　印装差错　负责调换